日本史籍協會編

丁卯雜拾錄 一

東京大學出版會發行

丁卯雑拾録 について

日本史籍協会

一

本書は尾張の戯作者小寺玉晁が蒐集した「丁卯雑拾録」全八巻からなり、これを二巻に収めて公刊したものである。玉晁が集めた史料には、彼の職業がら珍聞奇事が多く、そのほか政治・経済・文化に関する幅広いものがある。年代的に言えば本書は玉晁の「連城漫筆」の後を承けたものである。本書の第一には原書の一巻から四巻までを、第二には五巻から八巻までを収めている。一巻から五巻までは、ほぼ編年体の形式を踏み、京・大阪・江戸その他の史料を蒐め、六巻は江戸御城書、七巻は京・坂の御城書、八巻は京及び名古屋、江戸と名古屋間の飛脚の発着を記したものである。玉晁のことについては既に本叢書所収の「東西紀聞」「甲子雑録」に記しておいた。彼が尾張在住の戯作者であるから、自らその史料は尾州藩関係のものが多いのも首肯かれる。

二

本書の第一に「傍観記事」として孝明天皇の御製を始め公卿・大名の和歌数首と梅田雲浜の有名な詩「妻臥病床児叫飢」並びに頼三樹三郎の漢詩が記されているが、この「傍観記事」は元治元年六月五日京都祇園町の旅籠屋で新撰組隊士福田広に捕えられた土州藩大秋鼎が所持していたものであるという。次に大秘「見聞録天保張紙之巻」(五一―一二頁)であるが、これは幕末の世相を端的に表現している。その解説も十二頁に記るされている。そのほか「張紙目録」「万歳かへうた」や「狂歌当世道外百首」(六四頁)なども庶民の時勢観を見る上に興味深い。

慶応三年と言えば、同二年まで各地で多発していた農民一揆が多少下火となり、その数は前年に比して激減した年である。しかし世の中は「ええじゃないか」踊りで、各地の庶民が未来に憧れて、捨て鉢ち的な狂乱に陥った。この狂乱は名古屋に皇太神宮の御札が降ったとの噂をきっかけに、老若男女が躍り狂った。狂乱は忽ち四方に伝って、大津・京都・大坂・西宮など近畿地方及び東海道は駿府を始め江戸にまで拡った。中仙道は名古屋から松本へ、甲州街道を上って関東西部地方へと伝播した。この狂態は正しく笛を吹き歌をうたいながら大鼓・小鼓・三味線の鳴物入りで踊り狂い、中には女子で男装する者もあれば男子で女装する者もあり、酔うては土足で富商や豪農の家に上り込んで酒食を強要する者もあった。さらに衣類器具金銭を持出して「これ呉れてもええじゃないか」とか、眠くなれば、ところ嫌わず眠り、醒めればまた躍り狂った。この狂乱は、倒幕派の志士が人心を狂操に陥れ、世態を混乱せしめるための策謀だとの風評もあった。十一月中旬の江戸書状に「頃日市中豪家へ侍躰之者多人数党を組夜陰表蔀戸を鐵カケヤ抔携来打毀短筒を砲発白刄を抜かさし人々を為致恐怖金銀之仕舞所為致案内有次第数千金を被奪去商人共幾夜も有之穏ならさる事故三ツ井を初五人衆十人衆と相唱為替御用達宅江御上ゟ騎兵隊方之御役人十四五人ツヽ賊防キ之為為附置候処」云々（三〇八頁）とあり、江戸の治安も不穏となる一方、横浜表へも両三日以前から頻りに神札が降下し、彼地の人心も面白くおかしくなり、陽気が充満し、この様子では江戸にも降るだろうと期待している、とある。（二九九頁）また「一先々当地平穏不相変踊り流行女児ハ武士ニ贋セ、老婆は若キ女ニ作リ、妻ハ亭主に似セテ半天を著」と付記している。（三一二頁）こうした庶民狂乱の蔭で、秘かに倒幕派の人々は、幕府の探索から脱れて策動し、その目的を達成しようとしたことは、容易に推察し得る。それにつけても、庶民が世相動きを少しも考えずに、ただ踊り狂っていたのであろうが、前年まで一揆の形式で幕府権力に反抗していた農民、打毀しという表現で語られた町人の反乱が、その影を潜めて、こうした浮薄な「世直し踊」に沈澱したのであろうか。もとより江戸中期以後の農民や町人の騒擾には、その殆んどが幕藩体制に対する革新的意欲がなく、ただ目前の生活の安定を願うのみであった。かような習性が庶民をして幕府の権力が衰え、雄藩の勢力が増大し、幕府の瓦解が目前に迫っても、その情勢には全く無関心ならしめていた。されば彼等はただ世の中が新しくなるという風評に、ひたすら陶酔して踊り狂ったのである。またかような民衆の無知が、明治維新の改革をして階層的様式をとらず、極めて低調な変革として政権移動の形式をとらざるを得なくなった一因となった。本書にはこうした庶民の心理的動きを見る上に参考となる史料が散見される。

三

慶応三年正月九日皇儲睦仁親王が践祚され、時に聖寿十六歳であった。先帝孝明天皇は慶応二年十二月二十五日亡くなられた。三十六歳であった。その治政二十一年間はまことに内外の時局多事の時であり、ことに公武の対立はいよいよ激化し、天皇は常時心を悩まされていた。

十五代将軍徳川慶喜は就任早々幕政の改革に着手し、庶政の機構改革、人材登庸、軍制の革新、殖産興業の振興を図った。一方大赦によって洛中に帰住を許された岩倉具視は、正月頃から秘かに諸藩の志士と交遊し、朝権の回復を企てていた。これより先、慶応二年正月小松帯刀・西郷隆盛・木戸孝允が京都に会して薩・長同盟を結び、薩州藩は長州藩に対し武器輸入の斡旋をする傍ら長州再征に際しては、幕府の命に応じなかった。偶々具視が洛中へ帰住したので、同志の公卿は岩倉を中心として中山忠能と謀り、坂本龍馬・中岡慎太郎を介して、九州大宰府にある三条実美と通じて西郷・大久保と討幕の計画を議した。

わが国内情勢が急迫しつつあった時、外国側も対日積極策をとり、朝幕何れかに旗色鮮明な態度を示すようになった。即ちイギリスは薩・長両藩に、フランスは幕府に援助を与えた。中国侵略に対しては英・仏両国は連合し、一八五八年には天津条約を、一八六〇年には北京条約を結んだ。その後フランスは安南を攻め柴棍《サイゴン》条約（一八六二）を結んで同地を植民地とし、ついで柬蒲塞《カンボヂャ》を保護国とした。わが国に対する英・仏両国の政策は相互に情勢判断を異にしていたが、わが国の出方によっては、外国の干渉を招く怖れがあった。わが国にとっては安政条約締結の時を第一の危機とすれば、この時を第二の危機と言ってよい。

北方領土についても、ロシヤの侵略については目に余るものがあり、慶応二年十月九日箱館奉行兼外国奉行小出大和守秀実を遣露使節に任じ、ロシヤに派遣することとなった。使節一行は十二月十二日ロシヤの首都モスクワに到著し、ロシヤ側と前後五回にの会談を重ねたが、樺太は両国人雑居の地として存置することとなり、一歩も進展しなかった。この時暫定協定として樺太全島と得撫《ウルップ》島以南の島々を交換することとしたが、小出が五月帰国後、幕府はこの協定を認めず、樺太を両国人雑居の地として、この旨をロシヤ政府へ通達した。（一五〇―四頁）

幕末の頃から幕臣及び雄藩の有志が多数留学し、殊に慶応二年四月海外渡航の禁が解かれてから佐賀・熊本・加賀以下の諸藩からも留学生を派遣した。慶応三年フランス皇帝ナポレオン三世が首都パリで万国博覧会を開催しようとし、既に慶応元年の初め幕府に出品を促してきた。そこで慶応二年、幕府は将軍慶喜の弟清水家主徳川昭武民部大輔を、これに参列せしめ、その後同国に留学を命じた。昭武一行は慶応三年正月横浜を発し、三月巴里に到着し、同国政府の優遇を受けた。ついで昭武はスイス、ベルギー、イタリヤ、イギリスを歴訪し、十一月パリに帰って勉学した。（六〇―一頁）

一方岩倉・西郷・大久保等の計画は、着々進み、三年十月十三日に毛利敬親父子の官位復旧の宣旨が下された。この宣旨は岩倉が中山忠能に代って広沢兵助（長州藩士）に下されたが、そこに疑うべき余地がある。更に十三日は島津忠義父子に、翌十四日には敬親父子に討幕の密勅が下されている。勅書は津和野藩の国学者玉松操が起草したものである。当時の勅書が果して公明なものであったか否かについては定かでないが、諸藩を動かす為にこうした策動が行れたのであろう。このような事は孝明天皇在世中の詔にあるように、容易に推察することができる。密勅は同腹の公卿の手を経て薩・長に下されたもので、芸州藩にも下される予定であったが、その言動に疑惑をもたれ、沙汰止みとなった。一方会津・桑名の両藩主を誅戮すべしとの勅書が薩・長二藩に下された。この一時は果して幼少の天皇の真意からでたものであろうか、これも同志的結合をしていた堂上及び薩・長二藩の討幕派の志士の策動と見て誤りではあるまい。（第二・三四頁）

討幕激派に対して、土州では芸州藩と大政奉還の議を進めた。かくて薩土同盟は破れた。土州藩後藤象二郎は大政奉還の議を、京都に在る小松・西郷に説いたが容れられず、遂は単独で建白することとなった。十月三日土州藩主山内容堂（豊信）は後藤象二郎・神山郡廉を使者とした老中板倉勝静と会し、大政奉還の建白書を提出せしめた。なお芸州藩も同様の建議をした。薩・長と土・芸との異るところは、前者は討幕を目的としたが、後者は平和裡に事を解決しようとした点にあった。坂本龍馬は薩・長二藩同盟の橋渡しをしたが、武力闘争には反対であった。何れにしても、四藩が等しく天皇親政の世の中に復帰しようとしながらも、その真意は幕府に代って政権を雄藩の手に治め、旧藩主の合議制によって運営しようとした。（丁卯雑集録、三・四巻）

十二月八日将軍慶喜は大政返上の願を出し、習九日勅許された。しかし事ここに落ちつくまでには、朝廷で激論が行われ、破裂寸前に漸くまとまったのである。（第二・二〇頁以降）しかし討幕を志す薩州藩有志は江戸の治安攪乱を企て、江戸市中はもとより関東各地で暴行事件が発生した。当時浮浪の徒もこうした情勢に便乗して強盗殺傷事件を起した。かくて江戸薩州屋敷襲撃事件が起り、鳥羽伏見の戦の勃発する一因をつくった。（丁卯雑集録四・五巻）かような国内情勢のもとにあって、六月新撰組隊士土方歳蔵以下の建白並びに近藤隊長が建言書を摂政二条斎敬に提出した。近藤昌宣勇は長州処置を速かに断行せよと言い、さらに「先帝を軽蔑し、先将軍を踏付候始末臣昌宣おいては一円難心得奉存候官位復旧と申立候義是又天下之紀綱典型相立申間敷四藩申上候通之所置ニも立至候ハヽ、乍恐天幕之御不都合ハ勿論出兵之諸藩理非都而顚倒有罪と相成可申候」と記し、朝幕の決断を促している。（本書第一、二二六―三〇頁）その他兵庫開港の勅許、兵庫・大坂の居留地規定書（本書第一、三 六三—七四）等に関する幕府と外国側との折衝関係の史料を収めている。特に本書は貿易開始後の物価や貨幣問題についても注意し、更に南京米の輸入とその価格に関するものが集められている。（本書第一、二〇六頁）なお朝鮮についての史料は見脱せないものであろう。対馬藩の報告書によれば、幕府が外国側との折衝に困っている間に、外国側は日鮮関係に水をさすような行動に出ているとか、或は日本が西洋諸国と手をとって朝鮮を討つとの風評が拡っているという。（本書第一、三 九〇—六頁）当時フランスは幕府を援助して幕府政権の維持を謀ったが、これに反してイギリスは薩・長両藩を援けて、朝権の伸張と雄藩の合議政権の成立を希った。このことはまさにわが国が欧米列国の東亜政策の犠牲になろうとする危機にあったことを示すものである。

本書の史料にはこれら内外の情勢に関する種々雑多なものが含まれているが、これを一つ一つ読んでいくと、世相の動きの基底を突きとめることができる。小寺玉晁編集の多くの著書は「東西紀聞」を始め、一貫して参考とすべきであろう。

丁卯雜拾錄第一

緒言

一丁卯雜拾錄八卷ハ小寺玉晁ノ蒐集セル慶應三年ノ史料ニシテ、本會第二期ニ刊行セル丙寅連城漫筆ノ後ヲ承クルモノナリ、而シテ一卷ヨリ五卷迄ハ、正月ヨリ十二月ニ至ル、月日ノ下ニ係ケタル京都、大坂、江戸其他ノ史料ニシテ、六卷ハ江戸御城書、七卷ハ京大坂ノ御城書、八卷ハ京都ト名古屋、江戸ト名古屋トノ飛脚ノ發著ヲ記セリ。

一文久二年ノ史料東西評林以下。東西紀聞、甲子雜錄、連城紀聞、連城漫筆、而シテ丁卯雜拾錄ニ至ルマデ、玉晁ノ蒐集ニ係ル維新前六年間ノ史料ハ、是ニ至ツテ上梓ノ功ヲ竣ヘタリ。

大正十一年十月

日本史籍協會

丁卯雑拾録 一 目次

丁卯雜拾録

一

傍觀紀事

今上御製

朝な夕な民やすかれといのる身の心にかゝるくにのふね

戈とりて守れ宮人九重のみはしの櫻風そよくなり

あしきなやはたあしきなや葦原の頼むかひなき武藏のゝ原

ゑひすらよ船こきもとせ伊勢の海の神の御國と知りてありて（イなは）よ

亥三月十一日加茂へ行幸の時御製

此春は花もかすミも打すてゝ民やすかれとおもふはかりそ

同四月　男山行幸の時御製

こゝろせはこめてうたへよ神樂人かゝりける世をしるもしらぬも

雨にうたれ風にくたけて祈るかな民のしわさのたゝやすかれと

うたてやむものならなくに唐衣何いたつらに日をかさねけむ
（一本ニいつ迄あたニ日を過すらん）

皇太子御詠御年十三

夷等をまねきし人をもろともに拂ひ盡さむ神風もかな

皇妹宮御下向の時

をしからし君と民との爲ならハ《一本ニれ》身ハむさしの丶露ときゆとも

同　有栖川の宮へ

この度はえこそかへらし行水の清きこゝろは汲てしりてよ

送大原卿　　建仁寺内　天祥

君辱臣死是此時、狠顏虎頭來相窺、廟堂一日苟安計、八萬人中無男兒、

天子蒙塵笠置宮、楠公忠武有誰同、一族勤王擢百萬、英魂千載凜威武、

水老公

白髮蒼顏萬死餘、平生毫《豪カ》氣未全除、寶刀難染洋夷血、都咼故山舊艸廬、

土州侯

咲花の色香に迷ふこゝろにて勤るみちを常にわするな

同老侯

水のいろはよし濁るとも隅田川底のこゝろハ汲人そしる

加茂川にあたら白波たゝせしと心せかれて渡る月日歟《本ノマヽ》

大宮のあたりとはかりは名のミにておもへハ〱涙こほるゝ

亥三月花盛の節衣斐小平嵐山花見すゝめ參られしに

花ミんとおもふこゝろはあらし山嵐はけしき春の曙

同老侯

鋭鼻黃顏意氣豪、海城六七斫波濤、彈丸硝藥汝休說、看我腰間日本刀

三條殿

月と日の淸きひかりに耻さるは赤きまことのこゝろなりけり

德大寺殿

ものゝふの誠の道の見えてよりやかて吹なむ神の風かな

久留米の神職眞木和泉の娘父の首途によめる

梓弓春は來にけりものゝふの花咲世とは成にけるかな

梅田源次郎 京都儒者戊午被生捕東下終ニ死ニ就

妻臥病床兒叫飢丹心誓欲攘戎夷今朝死別與生別唯有皇天皇士知
聞說中原橫虎狼誰先慷慨唱勤王腰間頓動雙龍氣欲向東天吐彩光
攘夷決策振天神烈々義風加處仁御劔霜寒英斷夕融成千歲一時春

賴三樹三郎 同前

蒼松移得在江城三百年間晩翠淸若爲西風變其色世間誰許木公名
男兒立志出鄕關功若不成死不還塡骨豈唯墳墓地人間到處有靑山
八州風雲衝天强手握海內 三字欠字マヽ 悲歌一曲弔者誰鎭西男子藤齊正 是閑叓矣ナサスナラン

元治元甲子歲六月五日於京都祇園町旅籠屋諸浪士召捕之節會津藩附屬壬生浪士新撰組福田廣 元雲州母里松平主計頭藩中 士藩大秋鼎ヲ召捕同人所持之傍觀紀事ト云小册を分取し同年九月中旬出府之節持參國友何某ニ讓り置しを今又傳寫するものなり 國友何某ハ實ハ福島傳之介塾弟川越藩眞田官吉也當時本所ニ住ス

○大祕見聞實錄 天誅張紙 之卷

序凡例天誅目錄張紙目錄之寫

序

夫天道ハ盈るを虧て謙に益するとかや徳川の天下二百五十餘年開闢以來の昇平夢ニも干戈の音をも聞かす寐《寢カ》食を安くするハ實ニ皆是東照神君の御鴻業ニして難有事ならすや然るニ天保の始大鹽か諸人の眠りり《なカ》覺し朽たる武器の錆を落すニ至る其後弘化の始相州浦賀に墨夷之船來り愈武士の魂を磨くへき時來ぬるに安政五戊午年ニ至而亞魯英佛四大州《マヽ》之醜夷頻りニ來りて物易ん事を乞ふニ幕府の諸有司恐怖して天皇の許シも不待して假りの調印シ許諾するゟ天下の形勢一變し物の價は日ニ増し騰貴と之蒼生の苦む代となりぬ人心するとて《くか》利益ニ走り終ニ

皇國の患となり幕長大吏を刺ニ至りぬ夫よりして士氣慷慨奮激震ひ立時となりて上下こも〳〵

天朝を助ヶ奉りける心よき國家主君親戚をもおもはす何れも都をさして集會する者を有志と唱へ正義誠忠を以諸方に駈めくるを周旋と申シ只管
朝廷を遵奉なすを報國盡忠と言イ太平遊墮の極りたる改めんとするを舊弊一新抔と唱て一命を塵芥に比し
大君の震《マヽ》襟を安し奉らんとする大和魂の尊キ事ハ天神地祇の大御心より出たるならぬ樂ミ極りて患生す憂つきて喜ひ生するハ天下の常典ならんやと恐多くも一書を記す事しかり

時勢の歌三首

國家も主しも親もすてはてヽ君をたすくる臣そ雄々しき
みなもとのさたまらされハ八ちまたに流れのすゑのみたれける哉
大君の御息たすけて夷らをはや吹返えセ風の二神

因ニ云此書や實ニ得難きを東西に駈り南北ニ走りて有志の人々の便

りを求めてかろうして一文々々を集て斯ハ物しぬしかるニ誤字或ハ脱字なと是あるハ私ニ直す事をせす元の文のまゝに寫し取たれハ観る人必すあやしミうたかふ事なかれ只管世の移り變りを恐れ愼ミて

神を祈り

大君をたすけ奉りかの夷らを攘ふ事を天《メ》地《チ》の

大御神達ニ願キ玉ふ事を希ふものゝ

凡例

一巻之始ニ安政年間

禁中ゟ投書戴《マヽ》之其後ニ天誅を一ツに都結て記之投書ニ而姦賊共之所業を知り事情之解シ易き爲ニ其後ニ京江戸大坂等ゟ之張紙を都結て擧之年號月日之前後なるをうたかふ事なかれ

目録

一同三癸亥年正月於大坂池内大學天誅之事

一同月賀川肇天誅之事

一右同人首級一橋殿江献上文言之事

一右同人両腕先一本ツヽ千種殿岩倉殿江進上之事

一同年二月千種殿幷唐橋村惣助致天誅土州松平容堂殿江持參文章之事

一同月伊勢屋治兵衛天誅を遁候事

一同月足利三代木像之首天誅之事

一右付而三條大橋江張紙之事

一右同斷付而浪士被召捕候事

一右同斷付而洛中洛外江御觸之事

一右同斷付而長州侯ゟ浪士助命願之事

一同年三月奸僧両人天誅之事

一右同斷付而後ニ三條大橋江張紙之事

天誅目錄終

張紙目錄

一同月三條大橋西詰瑞泉寺江張紙之事
一同月　禁中江張紙之事
一同月祇園西門江張紙之事

張紙目錄終

右大秘見聞實錄白雲堂古渡ニ住居之藏書たりし此双紙ハ同人京師ニ而全部六冊價五両金ニ而求めし旨語りき誰人の綴りしと云事を知らす今爰ニ顯ハす條ハ天誅張紙の卷序文幷凡例目錄丈ケを寫紙數六十一丁竹紙を以綴りぬ跡の五冊ハ如何と尋問るニ京師ニ而類燒の砌ともニ燒亡せしと云さんねん〳〵

萬歳《はんざい》かへうた

徳川《とくかは》の御相《ごそう》そくで。御代もおさまりまします。かり住《すみ》ありける若州《じやくしゆ》の屋敷《やしき》も廣《ひろ》まりあたり。見るもまはゆきふしんも出來揃《できそろい》けるハ誠《まこと》にりつ

はに候ける　〽京《きやう》の守《しゆ、》ごにハ。大名殿《だいみやうどの》おり〱こうたい大内大事《おほうちだいじ》桑名《くわな》所《しよ》司《し》代《だい》。土佐《とさ》はまわり。いつもやすます。うろ〱と。りんじの手あて

〽八月七日寅の一てんに難《なん》しゆうしましたわか家《いへ》の。かわら吹《ぶき》ちりたち木《き》ハこける。出《で》るに出《で》られず居《ゐ》すくミ玉ふ。誠《まこと》にめつそな雨風之《あめかぜなり》かため〱御所《ごしよ》の内《うち》のかためつめたる國《くに》ハたれ〱。尾州《びしゆ》に紀州《きしゆ》水戸《みと》に奥《ほう》州《しゆ》會津《あいづ》佐竹《さたけ》蛤《はまぐり》こ〱蛤《はまぐり》〱蛤御門《はまぐりごもん》につめたる國《くに》ハ誰《たん》ぞ。そこをうちすき。外《ほか》の場所《はしよ》見たれハ。江州彦根《こうしゆひこね》加賀《かゞ》に越前家《ゑちぜんけ》肥後《ひこ》筑前《ちくぜん》ちく後《ご》に薩《さつ》摩《ま》。皆《みな》〱りつはにかざりたてゝ候しか國《くに》〱の家來衆《けらいしゆ》にハお年《とし》の寄《よつ》たる人《ひと》たちまて。行かうありさまハ。實《げに》も武家《ぶけ》なる國《くに》かと思《おも》わる。やしきの内《うち》にハでん〱とんと。朝《あさ》からくれまで。あこにも調《ちよ》れんこゝにも大《おう》ツ、大人《おとな》も小供《こども》も幾度《いくたび》もけいこをバはげミ玉《たま》ふぞ

兎麿戯作

卯大小
道鑑母

五節句に祇園まつりハ小の月

五六合せめて三合正ならハ七もおくまゐ九もせまひもの　小　計

大變なし

諸國和合穀物融通諸人平安

德川御世御靜謐幾億万々歳

小松飛びもゝと菖蒲となつまつり七夕きくは小戸しるへし

町觸

御城下內近來洋物商ひ致候者相增候ニ隨ひ品々不宜取扱振も有之哉ニ相聞候付以來左之通規定相定筈候

一是迄迚も有用之御國産を持出候儀ハ素ゟ無之筈候得共猶一入嚴重ニ締筋相立候事

一無益之品を取入間敷候事
一官府之改印を不請して ハ賣捌方不相成候事
但改印を不請賣捌候者ハ商賣差留候事
一代呂物賣代金ニ准シ御爲銀外品ゟ一等多く上納可致事
一賣出候店ニハ曖簾を懸ケ候儀不相成候事
右之通被
仰出候付而は
御主意之趣堅相守以後心得違無之樣可致候猶改印請方等之儀ハ追而可
爲觸知者也
寅十二月廿九日
急ロ上觸
當時洋物商賣致候者名前相認町代庄屋ゟ來ル十五日迄ニ
御奉行所ゟ可申達事

但洋物之內何々商賣と申儀幷外品取交商賣之者も其譯見分易樣相記
可申達候事
正月
洋物改所御取建場所（堀川端西通中橋と傳馬橋之間船入町之內東側）
洋物改所元〆役　　同所世話役　　同所勘定役
鈴木宗兵衛　　時田屋金右衛門　　藤川屋九郎助
白木屋德右衛門　　信濃屋友藏　　久木屋久助
布屋善右衛門　　大野屋小兵衛
右之外夫々下役追々出來可申樣ニ御座候
○元朝御家中例刻登
城有之候處暫過候と御張出
元千代樣
前大納言樣御差支ニ付年頭御禮御年寄衆謁申上候事

又暫過ると
今日は御流れ頂戴無之ニ付鳥目差上ニ不及旨御徒目付ゟ口達上之所
は御目付より席通辟いたし候是ハ御流無之ニ付不及鳥目とミなく
鳥目懐中いたし罷在候由
玄同様ニ年頭御禮月番御年寄衆宅ニ而可申上旨又御徒目付より口達
是迄皆々皆々更ニ
主上崩御と申事不知候處
主上崩御と張出何れも驚入申候張出文言左之通
主上崩御ニ付當日御機嫌伺之事
玄同様ニは月番御年寄宅ニ而御機嫌伺之事
鳴物停止且門觽早速取拂之事
年禮廻りニ不及事
當日不出之輩ハ近邊之者ゟ寄々通辟之事

ト張出

近邊ニは此事爲知可申旨御徒目付口達

武士小路等四ツ比ゟ段々門松取拂候也

御城東西銕御門は勿論夫々不殘門松御取拂ひ候之

右ニ付萬歳は勿論東小屋鳥追なと與をさたし力を落しミな／＼歸る有

樣如何成事の出來候哉とむね一盃ニ成恐入々々悲嘆限なし

○丁卯正月八日奥平大膳大夫家來ゟ屆（何レ之家來ニ贈タ書ニヤ更不考）

御在所中津表ゟ申來候ニは先比休兵之御達有之候後小倉模樣一ト先穩ニ相聞候處近來之形勢又々一藩心痛之趣相聞既ニ十二月十一日小倉藩士中津ニ參り申聞候ニは肥藩両藩周旋ニ而押々和議相立候處先月廿一日藩士両人下之關ニ被呼寄參候處彌休兵致候は若殿人質ニ貰請度左も無之候は可及合戰否早々返答有之度當月三日を期限と相定候ニ付右両人も右樣大事件容易ニ挨拶出來兼三日之期限十八日迄之猶豫申談漸々

鬪濟相成候付直樣肥藩両藩ゟ早打差立置候

右之模樣ニ寄忽大事ニ可及と歎息罷在候趣於御在所表も深心痛仕不取

敢右之趣申參候小倉樣ゟも御屆相成候儀とは奉存候得共不容易事件ニ

付御內々達　御聽置度奉存候間此段御手前樣方迄申上置候以上

正月八日　　奥平大膳大夫家來 星　野　平　八

○正月十四日出江戸狀

卯正月十三日夕八ッ時比ゟ雪降出し同夜中降翌十四日朝迄五時過ゟ晴

天ニ成三寸程積り申候去冬ゟ初而之雪ニ御座候扨此表も大變革ニ而御

旗本御家人等大困り續而町方も商ひ少く諸品高直

一酒上壹升壹貫七百文極上貳貫文位

美淋上貳貫百文並壹貫七百文

一油壹升壹貫六百文之處貳貫文ニ相成申候

一干數之子壹升七百文

一鮭両ニ貳本ゟ三本位
　正月九日
○阿州侯建白
一長防之儀是迄之御所置向乍恐
朝幕共御良政而已之御施行ニも不被爲在素ゟ長防無罪ニは無之候得共
既悔悟罪を謝し候事ニ候へは寂早既往は不被爲咎
上御過を不被爲改して下も御制難被遊道理も有之即今ニ至彼是之件々
御取糺被遊候内も又々一層之憂相生シ可申故此所にて是迄之御醒悟被
爲在御一新之御政務被爲行候段天下 に御示ニ相成改而至公之　朝裁被
仰出候ハヽ長防ニおゐて先非を悔却而信伏ニ相至可申一旦御決定之長
征徒ニ致爲赦候而は　御威光不被爲建御姿ニは御座候得共何卒眼前之
御威武不被爲拘御一統之御基本相立候得は御仁政海外迄も相響感涙を
流さる者不可有之と奉存候此一事よりして千緒萬端御恩威相行レ中興

之御鴻業千載ニ可被爲輝は必然之義深希望仕候義ニ御座候
一右御趣意
朝廷御願ニ相成前段御醒悟之廉を以先諸手解兵被　仰付引續　御進發
之御名目被爲廢候は是迄之儀御改被遊候御實効萬民了解承伏可仕義と
奉存候事
一大膳父子之儀は復任被　仰出與丸家格を始萬事復舊之　御沙汰被　仰
出度乍去此一義等は
雲上之御法則も被爲在候儀故徹臣等可奉議義も無之候へ共御藴底之御
主意右ニ被爲基度奉存候事
一二州ゟ出境之土地摠而御領被爲復可然奉存候乍去前段申上候通解兵被
仰出候ハヽ自然ニ二州ニ引取可申と奉存候間彼之事情を御熟盡被遊候
而后復舊被　仰出晩からざる儀と奉存候
一開鎖之儀は過日も申上候通即今無謀之攘夷被爲施候而は不可然候義と

奉存候故御基本は被爲建置三港之所は寂早
敕許ニも相成居候へは其儘ニ被差置候ゟ外不被爲在候儀と奉存候事
一右件々御取行ニ相成候上は益
朝幕御一致之御基業被爲建御政務之儀は此上ニも總而御委任ニ相成於
幕府御勤王被爲盡候段下萬民迄も奉了解候樣被
仰付度奉存候事
○卯正月廿三日伊賀守殿御渡大目付御目付江
松平美濃守
細川越中守
有馬中務大輔
松平修理大夫
松平肥前守
兼而被相預置候三條實美始此度願之趣も有之候ニ付御預　御免當地

江御引取ニ相成候間得其意右之趣其方共ゟ相達候樣可被致候尤途中
警衛人數差添穩便ニ相送り候樣可被致候
但附屬之者共は大坂著之節同所御目付江相屆可得差圖旨附屬之者
江可被達候
右之通相達候間可被得其意候
卯正月廿八日京都ゟ之書狀二月四日江戸江著
前文略長防一條之儀先便申上候御解兵之儀閣老ゟ藝州江御達長州江相達
候樣之儀御座候處當時藝之《マヽ》藩出京家老石井修理と申仁閣老江申立候趣
は御解兵之儀長州江可相達旨奉畏候然處今般　御國喪ニ付御解兵と被
仰出候儀ニ付而は御期月も相過候へは尙又御出兵討手等も被　仰出候
儀哉夫共此上は孰れ之道御出兵は無之と申候御事候哉右御樣子篤と承
知仕候上長州江相達申度長州ニ而も定而右之儀相尋可申候へは右不伺
置候而は如何共挨拶も難仕折角之御趣意も不相立弊藩ニおゐても不調

法之筋ニ相成恐入候義乍併此御書付面長州ゟ相達さへ仕候得は宜敷御趣意も御座候ハヽ兎も角も可仕候得共右ニ而は御達捨と申様ニも相成哉彼是配心仕候義ニ付何卒篤と御趣意相伺候上相達申度と申立候處閣老ニ而も如何共御挨拶無之先其儘ニ相成居候哉ニ而長州ゟ達候迄ニ不及直ニ鼻先ニ而差支候由風聞仕候此上如何之義ニ罷成可申哉迚も只今之御手續ニ而は治り兼可申と一同風聞仕候云々

正月廿八日

○丁卯春江戸ゟ來ル

項《頃カ》ハ諸色元年高キ直のとしの事之けるが爰ニ大都會の内に困窮國といふ末國あり國主を御奉行様と唱一大都會の帝より命を請て位につくといへ共市中の人民ゟ對し計策を以て非道を行ひ奸智を以て大都帝壹人へへつらひ横飲《本ノマヽ》する時ハ忽ち廢せらる故ニ時としてハ今日位に登ると思へハ翌日省位ニ及ふ事まゝ是あり扨又此困窮國ニ衣食住の宮とて至

て貴き祠《ホコラ》有然るに此神近比高直を發し給ふ故ニ市中の人民恐れおのゝき晝夜の差別なく働らきかせぎ又両刀を帶る者ハ四分一と號けたる金を持て少給難澁の塔を築クといへども更に此神しづまらす是がために國中の人民殘らずひんの病を煩らひ終ニハつらの皮厚くそれ上りけるこゝに又助命菩薩といふ佛あり田地の中より出現まし〱御丈壹合壹夕にして其價とふとき事四百十五の位をもつて淺草御藏に渡らせ給ふといへども此度の貧病をすくはんとて日々出させ給ふ又近比南京國ゟ渡らせ給ふ佛有御丈ケ壹合三夕にして釜ぶへの菩薩といふ是を高井山空腹寺へ迎へ奉る又麥粟挽割等の二十五菩薩ニも乾物寺を御宿となしてすくひ給ふ事有かたかりし次第之

當時莫太之御旗本百俵ヲ四分一米渡り御藏米御張札百俵ニ付七拾五両のよし

御拂相場百俵四百拾五両のよし小賣百文に壹合壹夕のよし此節南京

國ゟ米渡り少し下直ニ而壹合三夕賣のよし釜ぶへハ別段のよし併極
無味挽割同樣のよし

○禪僧碕陽風説

丁卯正月六日熱田白鳥山確（雄カ）傳來りて藥を請ふ此僧客秋八月越前福井に在し時薩州の蒸氣船來りて碇泊せり此船ハ兼テ薩ゟ福井侯に三十万両許の產物代の貸金有に仍而此度福井の產物を請取此價十七万両許の內金返濟の由其產物を積て長崎出帆す彼僧も此船に便船して長崎ニ著船す右產物ハ油之由之乘組ハ薩州の役人と大賈なり此僧長崎の浩臺寺ニ滯留し舊冬長崎を發足して尾張に歸りといふ雜話左の如し

○方今佛蘭西朝鮮を伐ツ長崎ニ乾堂ト云人有錢翁逸雲なと井ひ稱して有名なりと此宅の前ニ佛船三艘碇泊せり此船即チ朝鮮を擊たる船ト云朝鮮ハ魯西亞ゟ援くるよし朝鮮を取られてハ魯西亞の爲ニ甚あしゝと云

○乾堂ハ越前の用達にして隸書ニ工ミにして兼て篆刻を能ス隸ハ錢少

虎の門人也近來錢少虎ゟ尺牘來れり近々天子ゟ錢少虎に額を命せられたり病ニよつて書するニ不堪乾堂ニ代筆を頼來り又少虎生計窮せる事も言來る乾堂返書ニ難澁ならハ長崎へ再ひ來るへし世話引請致スべし額ハ敢て認めすと言遣ハしけれハ又尺牘を以て額をしたゝめさるを大ニ不足ニ云て早く認むべし且難澁なれと㝡早長崎へハ不來由を言賜れり少虎ゟの書中に清國方今大ニ武勇ヲ振ひ外國を討んとするの勢有天子崩御遺命成へし新天子幷諸臣憤發せり軍艦五十艘運送船百艘新ニ造るト云乾堂ハ人の知らぬ事を能話ス外國及江戸京阪等の形勢を他人ゟハ十日許も早ク能《マヽ》りて話ス人之

○上海ニハ異船三百艘許も碇泊ス○近來來舶の書畫家高名なる者王克三梅を克スを除雨亭等之王克三ハ既ニ歸帆せり雨亭も近内歸帆すへき噂有雨亭の書長崎ニ而價甚高し土佐侯書拾枚を書しめ百六十金を賜れりと云

○長崎ニ而異人との交易薩州甚盛なり薩の濱崎といふ者壹人一手ニ茶

七十万両を送ると云長崎中ニ而送る所の茶やうやく百万両ニ過ス○薩と英人と甚懇意となれり國君異人に對し酒を酌程の事之薩の太守外國へ行たる噂も有○此僧歸路十一月十日小倉の南中津ゟ出帆し浪華に著す小倉城幷市中共長賊押領し往來難し軍ハ十一月廿六日の戰にて止けり此時小倉に勝利有一万石許の地を取返したり家老島村といふ人大に功績有常に後殿して守れり既に取返したる一万石ハキク郡なり

○黑崎よりも船ハ出ッされと下の關にて長人攻る事六ケ敷三日許も懸ル但し人船ハ改甚しといへとも荷船ハさほとにハなし

○此節長崎の大社諏訪の本社燒失後再建普請有則名古屋の大工伏見町七丁目米倉町嘉市請負木材切組二艘程送れり其船四五日巳前皈れり下之關通行さほと六ケ敷ハなかりしといへり

早々乱筆和漢〔蘭カ〕茶陀主人拜

○正月廿一日出京使

前文略

主上御葬送も彌々廿七日ニ被　仰出夫ニ付長州人八萬騎ほと寂早備前迄押登り候と申下評ニ御座候乍然存外洛中ハ靜成事ニ而諸藩も一向他行不致候へ共何か一物ふくミ候事何れも心配仕候今度ハ兼而發足之節被　仰出も有之候事ニ付專ら忠節つくさんと只今ゟ相樂罷任申候此段御安心可被下候一昨日吉田山ニ心中御座候男三十才計女廿貳才計男ハ阿波藩と申風聞女ハ二條新地藝者と申事ニ御座候其外別段替り候義ハ無御座珍事等も御座候ハヽ早速可申上比日御尋之義元千代樣御前ニ而石河佐渡守殿一同ゟ之御法令被讀上左之通御座候が五俵ツヽ被下候御書付ハ只今不相分候付追而可申上候

御法令寫

一諸藩ニ勝格別御太切之場所相守候事ニ付大事ニ臨て國辱を不致樣可抽忠節事

一頭を君父之如く組を愛子も如く可心得事
一組内は素より相詰之者一同和熟隔意不可有之事
一萬端不行義之事有之間敷事
右於相背ハ少も宥免致間敷事
寅十一月二日
右之通御座候五俵之義ハ追而可申上候只今ゟ一寸伏見邊まて出かけ候付大乱書御推覽可被下候艸々以上
正月廿一日
○正月廿日左之通
今般
御城下薪潤澤筋ニ付濃州板取山ゟ段木御伐出御拂之筈候乍去初年之儀ニ付多數之儀ニは無之候得共御望も候ハヽ納屋町熊谷庄藏ニ引合即金御差出御申請有之樣存候以上

正月廿日

長谷川惣藏

○正月廿五日
方今御時勢ニ付深
思召も被爲在候付
元千代樣　御城御表ニ御住居被遊幷
前大納言樣前御簾中樣安千代樣知千代樣新御殿御住居被遊旨被
仰出候

正月
方今之御時勢ニ付深
思召も被爲在
元千代樣御初御住居之儀ニ付被
仰出品も有之候付而は
壽操院樣ニは御屋形ニ御引移御住居被遊候樣

思召候仍之被
仰進候
正月

○二月三日
萬一急ニ御人數駈集候半而は難成節迅速御城を初持場々々ゟ罷出候手筈等之儀去ル亥年被
仰出候御定之通彌違失無之樣可心得旨御年寄衆被仰聞候付相達候被得其意組支配等有之面々は組支配之方ゟも可被達候
二月三日

○二月五日
御目見以上之輩ゟ
御直命之趣有之候間明後七日五半時
御城ゟ可罷出旨石見守殿被仰渡候被得其意支配之内

御目見以上之輩ゟも御申渡可有之候

二月五日

猶々遠方役所ニ罷在候輩幷病氣等ニ而不出之向は其段早速御申達可有之候且人數多之役々ハ不殘罷出候ニ不及候間朔望出仕出方之人數丈ケ當日罷出其余殘之分幷當日不出之分ハ來ル八日五半時罷出候筈候間被得其意此段も御申渡可有之候以上

○二月六日

普請等來ル十五日ゟ

御免被成候旨從

公義御觸有之候此段承知仕右同樣可心得旨向々ゟ可被相觸候

二月六日

右之通外記殿被仰渡下略

○二月七日今日

元千代様鳳凰之間江
出御御家中之輩江
御直命之趣有之
　御次第左之通
鳳凰之間江　出御　御著座御褥御刀懸巣鷹之間ゟ獅子之間迄
　　大寄合并右以下　御目見以上之輩
並居一同
御目見拜伏于時　御書御小納戸頭取持出御廣蓋ニ載之
御前江差上候上　御直ニ隼人正江御渡何れも能承と
御意有之次ニ隼人正被
仰付之趣讀候畢而御年寄衆奉畏候旨御取合申上一同拜伏
入出
○丁卯二月七日御家中

御目見以上之輩　御城ゟ被　召
御目見之上於
御前成瀬隼人正殿被讀聞候
御直書
太平之久敷自然之間國政向紀律相弛之上世態も一變旁以此儘難差置候
間改而家中共一同ゟ戒示申渡候件々
一我等初一同
皇國ニ生を請大小共父祖之遺業ニ而各其分限を保ち來ル事偏ニ上
天祖御初次ニは
神祖敬公以來無量之　御德澤ニ而候此御報恩を不存者は人ニあらす候
扨此御報恩を心懸候ニハ第一ニ其遺誨を篤と身ニ染ミ相守不及迄も正《吾カ》
か身力を盡し候儀專一ニ存候事
一右之通

朝幕ニ奉對股肱藩屏之誠を盡候ニは我等之本分ニ候條家中之者ニも高下となく各分限を守忠孝文武之嗜は素ゟ天下之情態時勢ニも相達シ我等を助ヶ職分を爲遂候樣心懸もらひ度事

一武備之本は一和ニ有一和之本は實意ゟ生し候徒ニ武備之末ニのミ泥ミて八實意一和を失候而は武士とハ難申候此旨篤と心得申度事

一禮義廉耻をも不知文武道藝をも不嗜只管內願等を以官職を望候ハ武士ニ有間敷賤行ニ候左樣之者ニ役儀申付候而は主職ニ人才を失ふ之基ニ而政事之大害ニ相成候間以來右躰之者ハ嚴敷相退ヶ可申候若相背ニおゐてハ願候者取持候者は急度取訂可申候就而は何れも禮義廉耻を辨文武道藝を勵才行を研撰擧ニ預候而も官職ニ可堪覺悟專一ニ候其內人ニより銘々得手不得手も有之所志之役義も可有之候間夫等ハ前以同役又は頭筋ゟ政府參政府ゟ押晴自筆書面を以兼而申出置候義は可爲別段事

一是迄仕向筋之內太平之久敷習紀律相弛ミ名は寛大と申せ共其實は柔弱

之取計方間々有之士風惰弱之基從是相壞候儀ニ候已後は家中共越度有之候共士道相立候儀ニ候ハヽ勘辨之品も可有之候得共若聊たり共士道之條理ニ不合所行有之候ハヽ從來之規則ニ不拘〔一脱カ〕段之重科可申付事

一洋學ニ志あらん者は大ニ心すへき事ニ候必先皇國之大道を知祖宗之寶訓を守孔孟之遺敎を取是を心得之根本ニ致其上ニ而可相學候若其本を不立彼ニのミ專ニ候而は其害不少候畢竟ハ彼か長する所を取候も我國力を増之本意たる事を一々心ニ置可申候是ニ背キ候者ハ其罪不可免事

一爲筋存附候者陰ニ而申居候而は無益之事のミならす誹謗ニも紛ハしく候間少しも不憚忌諱一杯ニ申達在上之取捨ニ任セ可申事

一萬一心得違之者有之奉公之大義を忘れ私意私便之筋を申募上を要し徒黨を結ひ政府ゟ申諭候をも彼是差拒ミ不取用之儀有之時は節制之崩れニ相成難捨置譯ニ付特命を以手重之所置申付候儀も可有之事

一居宅は雨露を凌衣服は寒暑ニ適する迄ニ而も事可足候萬端節儉質素分限よりも可成丈ケ內はニ暮し餘力ある者は己か不虞ニ備人之飢寒を救候樣致度是只我等之滿足するのミならす天地神明も感格あるへき事

一是迄は一國三主之姿ニ而銘々朝幕勤品を以東西奔走一國之力ニは實ニ難堪譯ニ候其上先年は非常之遠征昨年は未曾有之凶荒飢民救筋之術ニも乏敷誠ニ日夜之苦心此事ニ候依之破格之改革筋申付候儀も可有之候右は無據事候條何れも納得可有之事

一揔而何事ニよらす大信之道違却有之間敷事

右條々之儀改而申渡候不得止《心カ》之輩は勝手次第暇を願可申候得心之輩ハ其段請書差出屹度可愼守もの也

○二月八日

御目見以上昨日不出之輩今日於鳳凰之間御書拜見仕候事

○同夜八ッ時比名古屋村、《マ》小田井《むら》佐吉持分水車仕事場不殘燒失
但御側組同心等近邊之事ニ而御扶持米每も々右水車にてつかせ候
處今度大方燒失之由
○二月九日
今般
御主意之趣被
仰出候付而は平常臨時吉凶共私之音信贈答堅ク不相成候其內親類師
弟幷療養世話其外押晴無余義筋ニ而挨拶不致候而は義理不相立向ニ
は謝義等ハ別段たるへく候
右之通在尾州在京之輩末々迄不洩樣可相觸旨石見守殿被仰聞候得其
意組支配等有之面々は組支配之方ニも可被達候
二月九日
○二月九日御用人櫻井內記殿江戶表ゟ著去ル朔日江戶表發途東海道九日振

之正月十九日同役山村多門殿代りとして出立

○二月十日御側御用人衆ゟ

御用人
佐枝新十郎

今度三奉行おゐて取調候御納掛調之場所ゟ御出席ニ付而は御心付之儀も候ハヽ御申相有之様存候此段可相達旨御年寄衆被申聞候事

二月

○二月十日

方今之御時勢ゟ付深

思召も被爲在候付

元千代様　御城御表ニ御住居被遊幷

前大納言様前御簾中様安千代様知千代様新御殿御住居被遊候旨被

仰出

前大納言様來ル十六日
前御簾中様御初ニは同十四日　御引移被遊候旨御治定被
仰出候
前大納言様ニは御政事向　御聞被遊候爲メ日々
御城ゟ被爲　入候筈且右之御儀ニ付
壽操院様ニは　御屋形ゟ御引移御住居被遊候様
御同所様ゟ被
仰進明後十三日御引移被遊候筈ニ候此段向々幷在京之輩ゟも可被相
觸候
二月十日
右之通石見守殿被　仰渡候下略
○二月十一日
前御簾中様安千代様知千代様來ル十四日新御殿ゟ　御引移之筈候處

御延引同十六日　御引移可被遊旨被
仰出候此段向々幷在京之輩にも可被相觸候
二月十一日
○二月十二日
御勝手御切替筋爲御申相伺又明十三日晝後役所に御寄合有之樣致度
申進候以上
二月十三日
服部喜八郎
長谷川揔藏
小笠原三郎右衛門樣
佐枝新十郎樣
竹中彥左衛門樣
近松彥之進樣
○二月十一日

今度被
仰出候
御直命御書付之趣何れも容易ニ心得候筋ハ尤有之間敷候へ共被
仰出之ヶ條も多キ事ニ付支配向共常々無違失相守候爲メ役所有之役
々は
御書之寫役所ニ張出置
御主意之趣相守子弟等ゟも平常教示いたし役所無之輩は常々拜讀子
弟等ゟも篤と教示致組支配有之面々は組支配ゟ能々教諭爲致一般子
弟等不所業之義無之御糺品等不蒙樣父兄等より手厚ク教示取計候樣
御目見以上之輩ゟ被相觸在京之輩ゟも同樣可被相觸候
二月十一日
○二月十三日志水甲斐守殿江戸表ゟ上著
○同月十六日

前大納言様御初今日九ッ時
新御殿ゟ御引移
○二月十七日　大寄合席御用人　阿部主膳殿大御番頭格被
仰付
○二月四日
　　　　　　　　　　　　　　御用人　佐枝新十郎
　　　　　　　　　　　　　　同　中西眞之助
内存之次第も有之候付當分之内銘々ゟ年々金拾両宛明倫堂ゟ差上度
旨願之趣達　御聽候處奇特之義ニ被
思召
御聽届被遊候と之御事候
　二月
○二月十一日　浅野永十郎殿去ル三日江戸表發足東海道九日振旅行今日

上著之事
○大坂御城帳拔書
二月六日
一公方様今巳上刻御白書院ゟ
出御佛蘭西人貳人登
城
御目見有之御茶御菓子被下一旦
入御被遊佛蘭西人ゟ殿上之間おゐて御酒御料理被下猶又御白書院ゟ相
越午下刻再
出御
御目見有之畢而
入御被遊候
一明後八日五ッ時御供揃ニ而當地

御發途陸通り御馬ニ被爲召京都
御旅館ゟ
還御被遊候

○同七日

一公方樣今午上刻御白書院ゟ　出御佛蘭西ミニストル
御目見有之畢而　入御被遊候

○京都御城帳

二月八日
公方樣彌御機嫌能今朝五時之御供揃ニ而大坂表ゟ　御發途陸地　御馬
ニ被爲　召未中刻京都御旅館ゟ御著座被遊候

一御供稻葉兵部大輔松平豐前守京極主膳正相勤申候

一板倉伊賀守松平縫殿頭大坂表ニ殘り申候

いかにせむ三才羽織だんぶくろ髮に燒ごて髭のばすとは

急御觸書

近頃市中商ひ家等ニ押込白刄を以申威金錢奪取候賊徒共追々有之既爲召捕候ものも有之候得共若此後右躰之もの押込候ハヽ物靜中ニ而も鉦又ハ有合候銅盥等何品ニ而も鳴音高きものを打鳴らし組合之者共おいても打繼壯年之者共ハ寄棒或ハ荷ひ棒等手ころ之品携之早速駈集人躰之無構少しも不致用捨たゝきふせ取締候樣町々おいても兼而申相置へく候

但本文强盜押入候節其場退兼鉦等打鳴らし候透も無之節ハ家內之者より組合等ニ如何樣共いたし知らせ候樣家族共ニ兼而申聞平生ニ手筈を付ヶ置へく候右知らせ請候者おゐても前條之通鳴音高き物を以相圖可致候

一町々木戶締嚴重ニ爲相守候樣追々爲觸知置候通候得共中ニハ不締之ヶ所も有之哉ニ相聞以之外之事候間兼々申渡置候通夜五時よりハ扉

を〆潜り計明ヶ置四時より明六時まてハ〆切往來之者相改通行可爲致候付而は前條悪徒共押込候節相圖之鉦等相立候ハヽ木戸番之者ハ勿論町々よりも町内引請之木戸際ゟも即刻寄集り相固往來之者來懸候ハヽ其節之譯柄申聞名前等委敷承候上通行爲致若不審敷者ニ候ハヽ住所等取訂候相《マヽ》讀付候迄留置可申候

一町々番子共通廻り嚴重ニ爲致候樣揔内ゟ分ヶ而爲申談置候間猶更町々おいても無油斷廻り方申渡右廻り之外ニも引請之場所々々不時ニ爲相廻候樣可致事

右之通町中幷寺社門前町續端々迄不洩樣可觸知者也

二月十三日

御觸書

洋物締筋被

仰出候付今度堀川通中橋南詰ニ改所取建來ル十三日より日々役向罷

出船陸入荷物改印取計店々有代呂物之儀も不殘相改候筈ニ付左之通
可相心得候
一店々有代呂物改方之仕法ハ臨期可申渡候間兼而品數明細ニ可取調置
事
但改印可相遁迚有代呂物押隱不書出或ハ外江相廻置候者ハ嚴科ニ
可行事
一船積之分ハ改所前江致著岸水揚之上改印請陸送り之分ハ飛脚又ハ荷
主ゟ荷物改所江差出改印請可申事
但改印之節船頭又ハ飛脚ゟ送り狀改所江差出荷主江著屆出來次第
荷主ゟ品物幷元代金賣德見積共相記候書付可差出事
一船持共自分買積之荷物ニ而送り先無之分ハ改所江差出改印濟之上賣
捌候節若紛敷取計致候者ハ嚴科ニ可行事
一道中飛脚共出入之洋物紛敷荷造取計往返致候儀ハ勿論根出荷之外洋

物自分買幷途中相對駄賃荷等取扱候儀堅不相成事
一都而荷物送り先之無差別
御城下ニ持込候分ハ右改所ニ而改印取計他支配ニ持込候分は其支配
之役所ゟ改印取計候事
一集榮講江州地商人共取扱候荷物之分も無差別改印取計候事
一御爲銀之儀ハ一ヶ月分ツヽ取束翌月三日五時ゟ八時迄ニ改所ニ上納
可致事
　但御爲銀步合之儀ハ手始之節改所おいて可申渡事
一洋物之内其品ニ改印難致類ハ目印之爲改所調印之添書可相渡候間品
物ニ相添致取遣改印濟荷物同樣可取扱事
一舶來藥種之儀は先々不相改追而改印取計候期節猶可申渡事
一改印洩之品取扱候者は荷物引揚嚴重之咎申付荷物見付主又ハ注進主
ニ被下候事

一御爲銀可相掠迚荷物元代金取繕金高少ニ書出候者は是又嚴重之咎申
付時宜ニより荷物引揚候事
右之通夫々相心得無違失可相守者也
卯二月十一日

此表第四段ノ青山因幡守ノ松平豊前守ノ石高ノ外ハ六號ノ分皆朱書ナリ　校訂者識

（一行朱書）大行天皇御送葬御行列 二枚摺 帙表題 路のへの松明 京都梓行

慶應三卯歳正月廿七日酉上刻御出門ニテ蛤御門ヲ南江三條通ヲ東江
寺町通ヲ南江五條橋ヲ東江伏見街道ヲ南江泉涌寺江御入棺

揚張提灯二
雑色左右十六人
揚張二
町御奉行
廂上下 大久保主膳正
同 遠山隱岐守
揚張二
禁裏御附
廂上下 松平若狭守
同 牧相模守
揚張二
御郡代
同 小堀勝太郎
揚張二
山陵御奉行
同 戸田大和守
御松明 四人

將曹六人
左衛門府右衛門府八人
御松明拾荷
御雨皮　呉床
徳大寺右大臣公純公 白衣
御松明
舎人五十人　雑色八人
番長八人　随身八人
細川差次藏人　北小路俊昌
御車 牛
衛府長六人
櫳舎人四人
近衛舎人四人
左番長右番長六人
左府士右府士六人
随身八人

近衛前關白
左大臣忠熙公 白衣
近衛從一位
内大臣忠房公 白衣
柳原新大納言光愛卿
同 廣橋大納言胤保卿
同 鷹司大納言輔政卿
同 飛鳥井中納言雅典卿
同 六條中納言有容卿
同 野宮中納言定功卿
同 中院中納言通富卿
同 日野大納言資宗卿
同 庭田中納言重胤卿

泉涌寺御固
丹波笹山
六万石 青山因幡守
般舟院御固
丹波龜山
五万石 松平豊前守

關白様將軍様御初歩行御杖を被爲突
堂上方各前ニ松明を用

隨身左右廿人
黄衣
御唐櫃三荷
白丁
御長持五荷
白丁
御松明拾荷
白丁
綾小路按察使
前權大納言有長卿
鼠色衣
一條左大將
大納言實良卿
同
九條大納言道孝卿
同
冷泉中納言爲理卿
同
町尻宰相量輔卿
同
三室戸宰相雄光卿
同
伏見三位宣諭卿
同
久我三位中將通久卿
同
西園寺右三位中將公望卿

御松明
牽牛二疋　扣牛一疋
舍人十二人　隨身八人
雜色府士六人
近衞代六人
左近衞府右近衞府六人
御松明
左番長右番長十二人
衞府長六人
雜色六人　隨身八人
石野大夫基將
鼠色衣
裏松中務權少將良光
同
竹屋左衞門佐光昭
同
豐岡中務權大輔
健資朝臣
同
綾小路侍從有良朝臣
同
六條侍從有義朝臣
同
梅溪侍從通治朝臣
同

同
清水谷中納言公正卿
同
梅溪宰相中將通善卿
坊城右少辨俊政卿
今城宰相中將定國卿
竹屋宰相光有卿
六角三位能通卿
岩倉三位具度卿
石野三位基安卿
池尻三位宮内卿胤房卿
高松三位保實卿
倉橋三位泰顯卿
油小路左中將隆晃朝臣
武者小路左少辨公香朝臣
小倉左中將輔季朝臣
難波左少將宗禮朝臣
高丘兵部大輔紀季朝臣
葉室左小辨長邨朝臣
萬里小路右少辨通房
清閑寺侍從成房
花園大夫實延
勸修寺大夫顯允
阿野大夫實允

御道筋左右見込
町々歩兵隊人數
御固

雜色左右十二人
揚張二
御修理方
廝上下
中井保太郎
揚張四
松明拾五荷
鎗二笠
御所司代
松平越中守
鎗二笠
御守護職
松平肥後守
鎗五筋
笠
將軍慶喜公
大公
松明
長刀
松明

○二月十七日御觸

文武稽古幷三器入調練之儀共此節ゟ相始不苦候發砲之儀は來ル廿八日ゟ不苦候此段向々に可被相觸候

二月

右之通外記殿被仰渡候旨下略

○二月十八日

江戸表に爲交代罷下候輩御吟味之譯有之候付此節ゟ都而先々發足可見合候事

右之通在尾州之輩に早速可申通旨石見守殿被仰渡候旨

二月

○同月十八日

鳴物之儀渡世ニ仕候分ハ明十九日ゟ

御免被成候旨從

公義御觸有之候間右同様可心得旨

二月

○同月廿日

大目付戸川伊豆守ゟ小笠原壹岐守殿ゟ相渡候旨ニ而

御城附ゟ一紙ニ而相達候書付之寫

從

御所被

仰出候趣も有之候付長防討手暫時兵事見合相成候處此度御國喪ニ付

一同解兵可致旨被

仰出候

右之通去月廿三日於京都被

仰出候此段向々ゟ可被達候

二月

○二月廿日

新御殿若御近火之節御役々出場所之儀別紙之通相心得其內御城御近火之節ハ御定之通相心得臨時御年寄衆御側御用人御用人大目付隨差圖程能引分り可相守旨石見守殿被仰渡候付而は被得其意組支配等有之面々は組支配之方ゟも可被達候

二月廿日　御目付

新御殿若御近火之節出場所在之通

御年寄
御側御用人
御用人
御中間頭

右は御門外西之方南側

御年寄列

右は御門向東之方北側

右御門向東元下馬杭ゟ西之方北側

右は御門向元腰懸際ゟ西之方北側

右は御門向井戸際北側

右は御門外西之方元辻番所際北側

右は御門外元腰懸西之方北側

右は御門外西元下馬札ゟ西之方南側土居際

寄合組

大御番頭 組共

御馬廻頭 組共

御使番

御船奉行 下役

御目付 下役

寄場

已上

○二月廿二日加判渡邊對馬守綱壽殿同姓父隱居圭翁綱愷殿病死兒玉村別莊ニ居住同廿八日葬守綱寺

○町觸

當二月晦日於御馳走所御儉約御談之覺

乍恐

御上樣御年寄衆樣御初三月朔日ゟ御めん服被爲
召候との御儀之旨御談し有之候ならひ方なき平人とも右ニ隨ひ心得違無之樣可致との義ニ候夫ニ付銀器類女之かんさしべつかう銀かんさしのたぐひ男女共被心懸候

一廣小路御すくひ米てうたい之者ありがたくだん不都合これなきやう仕此比御わたしニ相成候もめん御目印之儀むね等ニあて往來いたし候樣いたさるべく候いたづらに行もとりの者ハ途中にてほどこし札

引あげ候との義ニ候
右之趣急度爲相守可申との夫々町代より御請書出し申候
ともし油之儀諸物價立昇候ニ隨ひ追々直段高直ニ相成候處當世柄ニ付
在々麥作多菜種作薄ニ付此上直段引上ヶ候義難計候付而はめん〳〵心
得も可有之候得共夜更寐鎮り候節ハ行燈消シ置候歟又は世間ニ有明あ
んどうと唱四方天井板張にて三方ニ窓を明ケ内より紙を張付あかる取《リカ》
いたし候行燈これなり極而あぶら德用之趣ニ付普通之行燈相用候共銘
々心次第あふらともしのばし世上之油潤澤筋精々心懸へく候右ハ壹軒
一夜之あふら分料聊之義候得共廣大之御領分積上ヶ候而は莫太之儀ニ
有之自然之潤澤筋ニ候條無油斷可心懸事

○

舊冬申上候井川義左衞門《文太夫改》當主人山高主計儀豊前小倉取締被　仰付十月
中比蒸氣ニ而出帆之筈之處段々延引ニ相成居十二月十三日陸路出立東

海道罷登鳴海驛迄至候處御用之儀ニ付一刻も早く上京可仕旨申參り依之右驛より早轎ニ而夜行いたし同月廿六日京著之處御作事奉行御小性頭取兼被　仰付石見守と任官民部大輔樣御附屬いたし佛蘭西國江渡海被　仰付候珍敷御役名右は深キ趣意有之由右石見守儀は當年廿五歳にて堀織部正弟ニ而人傑と相見申候織部正は先年閣老安藤對馬守ニ問答いたし切腹いたし候人ニ然ル處石見守萬事取締ニ付右之趣江戸表江も早飛脚を以申遣し種々心得方等奉伺候得共何分急卒之事ニ而漸正月三日京地出立同日夕兵庫湊迄著翌四日出帆紀州浦一日逗留正月八日横濱著岸九日歸宅一夜止宿留守中之義申置其外支度取調何事も早卒ニ而不行屆由十日横濱迄出十一日出帆仕候留守宅ニ而は正月三日本文之趣申來候ニ付夜《マヽ》類初土產物等俄に吳服屋呼寄夜分染揚炭火にて乾し仕土產物ハ紅白縮緬類の由佛蘭西國王江之土產之由或ハ長棹等拵らへ大混雜のよしニ御座候御供ハ山高初外國奉行壹人是ハはくらん會濟之上歸國之由御勘定吟味役壹人是も右同斷其外公邊御家人水戸家ゟ御附屬之人之由外國ハ物價日本ゟハ沸騰人壹人ニ付一ヶ年千両も懸

り候ニ付山高義ハ供頭壹人召連雜人等更ニ無之井川元主人小出大和守も昨年英國江参りし時用人壹人召連候由先年小栗夷國江参りし時入湯致し候ニも金貳百疋も懸り困りし由今般も莫大之御物入之由右正月十一日日本横濱出帆蒸氣船にて船頭も夷人故早く同十五日大唐上海黄河と申ハ大河にて川幅五十里も有之渺々たる濁流山も岸も見へず涯なくして湯々たる大河之由皆人心細く上り行に漸々遠山江岸なと見へて初て蘇生の心地せしといふ書状の参りし由大唐の黄河魯西亞の黒瀧江ハ世界の大河のよし民部大輔樣當年御十四歳にて御發明之由上たる御方ハ御十四歳其外ハ皆筆末之人ニ而山高も殊之外心配之由又今般御渡海ハ深思召も有之由昔平重盛宋國醫王山江金銀を贈又は唐土徐福が男女貳千人の童子を召連國を去シ類歟日本の形勢次第ニ而両三年ニ而御歸國相成哉又は六七年も御在住ニ相成候哉難計由

一舊冬幕士松平勘十郎娘のぶと申當年拾七歳ニ相成馬術も致し糸竹の道

も心得候者ニ而美婦ニ御座候處極月下旬京都江被　召寄候其外幕士大井丹後守女初五六人被　召寄候處御手附御中﨟ニも相成又は御歸しニも相成候全躰寫身鏡にて形を寫し取被　召寄候得共又直々御覽ニ相成候得は大に樣子變り候間御歸しニ相成候者も御座候處彼のふ義は御手附にも不相成御中﨟召抱られ日々御馬等之御相手いたし候由然る所今般右娘幷其外五六人佛蘭西國江遣ハされ候付夫々親共ニ御請可仕旨尤蘭學等も爲致候ニ付早速ニも御請可仕旨御請仕候ハヽ當人は御連枝方息女同樣之御取扱ニ被成下親共ハ御取立身分昇進をも被　仰付候よしニ御座候へ共素ゟ夷國江遣し候義は親子之情にて不便再會も難仕兩親打寄悲歎仕大井丹後守初娘共之親々集會いたし決定仕假令及ニ伏し候共夷國江遣し候義ハ幾重ニも　御免を奉願度旨歎願いたし候由右のふ義ハ私共娘友達ニ而存候者ニ御座候

一二月五日大坂表江夷人大勢參り候よしにて上樣御下坂御應接有之八日

御歸京被遊候よし其御留守樣の中彼のふ義文認メ遣し候由幷のふ召仕局よりも文參りしを內々一見仕候左ニのふ召仕女よりの文寫し

上略

此表諸色殊の外高く何一品も買上候事故御物入多くこまり入〱日々召上りの御さい《菜》の物ニも困り入〱何卒能たよりニ何成共召上り物御遣し可被下候且那樣もいつそ御かわいさうニ御座候

上樣ハ御膳所より差上候物は不召上御側にて出來候ぶたやうし計召上り御し《餘多》たといふハ無御座候また皆樣御困り遊し候うし《牛》やぶたを給へ候やう　御意遊し候得共きみわるく皆樣御いやがり遊し申候誠ニ誠ニ是にはこまり入〱

一上樣常々夷人の形にてきよくろくとかいふ物ニ御かゝり遊し候よし御馬も夷國の馬具のよし乘方も夷人同樣の乘方ニ而御相手いたし候由右のふ義聞ヶ敷やう〱御留守ニ文したゝめ遣し候由內々一見仕候

ニ付極御内々申上候
一極御内々申上候諸侯おひ〳〵各國之色を顯し候樣存候
三月四日終日大雪ニ認メ申候しかし首ハ御座候
朔日二日三日雨

春ゟ被髪戎衣ニ相成申候
崩御ニ付長髪之處直ニ被髪ト相成四分ハ夷人之形ニ御座候
御城ハさんさい羽織だん袋横濱邊ハ胴服ズボン眞の夷人ニ御座候
うしぶたハさらなり今に犬を喰ひ可申候そろ〳〵犬を喰ひ申候
昨年被髪左袵之義申上候處最早三四分右樣相成申候

幕府洋學日々おこなわれて
聖賢の直なる道ハくらくしてあかるくみがく邪の文字

狂歌 當世道外百首 初編

米高し諸色も高き時節には不二の山程出來る借錢
いかにしても尊ふとき物と云ひなから壹歩が米を服紗つゝミに
相伴にあかにくさつた粉糠めはかう〳〵どこか直段横著
米代とはしりくらべの手間代ハ一ト日休めば追付ハせぬ
世の中ハ何所もかしこも狐なり日に三度こそ粥々となく
たく鉢ハ入れず檀婆羅へりたれバ不足圓満あるく勢もなし
どの店も餅もまんぢうも出世してちいさき形でゑらひ祿とる
此頃は月雪花に酒三味も粥とたどんに化る世の中
算用を立ればとても暮されぬ無理無算用に渡る世の中
買ハ上り買バ上りし直段には其度毎にあがる金玉
寺方ハ丸て喰れぬ世と成て丸きハ天窓角ハ心に
諺に水も呑ぬといひけるが今ハ酒さへ水くさくなる
細長くあがりハせすと操上るいと馬鹿らしき相場成哉

此様にあがる直段と白紙ハかみ〳〵さまも御存しハなき
ねつとりと澄して居たる種油廣がるやうにあがる此比
安物ハ賣ず上物流行のハ眼《マヽ》がこへ上さつたでミへぬ世の中
江戸金ハいつも居りでよわれども上方金ハあがるこわさよ
錢計安く賣とて欺されな一文錢が妖《ハケ》る四文に
からき世のためしに鹽の直も上り登り々て山ばかりほど
病人ハすくなし藥の直ハ高し藥禮うする困る醫しやどの
あげ度も向次第の寺祝義指でさぐりて違ふあいさつ
誰彼も辛抱するが手細工か療治がなくてあんまけん引
壹ツ賣貳ツ三ツ四ツ賣喰ハ五つまでかする六ツかしき世や
法印ハなんぼ神變働らけと行者々々と來るハかけとり
あんまりの直段もはらも立られず下駄々々笑ふさうりやの門
甘ふ世に生れよつかハ白鷹か直たんハからく白黒の砂糖

薩摩芋いかに子供のたらしとて咥の様成直段八百
たをやめの姿に似たる綿なれど直か高ふてハ情もうつらず
出す事ハ出來ず流れの身と成ハ利に積《ツマ》されし買喰の質
榮燿の人の呑べき物なれど宇治山程に上る喜撰茶
諸細工を鉽《ブ》力《リキ》一手に取込だ罰の錆《サビ》にや直段上らぬ
藥屋ハ九そう倍とハ云ひながら百艸も有店に根と葉ハ
踊り狂ふ樣に直あづる雜穀類いつれもまめの障《セウ》礙《ゲ》なりけり
直黑ナ形りて直段もしやれあがる山出の事をわすれたる炭
唐物ハ何れの店も繁昌して人だかりする臭きにほひに
胯ぐらへ身上入る人有ど家土藏喰ふハ流行此ころ

狂歌當世道外百首 貳編

姫といふ名にてやさしき糊壹ッ文の封じに丁度能哉
風呂の直ハ上りて三度に壹度入權兵衞もあきれる程のあか〳〵
竹の如く直なる紙にのりの德あたひ尊ふとき仰く扇ぞ
直の高き噂さや龍《タツ》の醬油こそ人溜りすりやからき咄しを
鹽ふミもさゝで子足にあめやりて粃々て味噌ハ高ふる
草鞋ハ彌陀の御光に似たりとて御願のとく四十八文
ふんどしを買ふも氣をもむ直段之木綿々々といふハ僞り
物の本ならハ安くも賣れる筈付合のよき聖賢の道
名でさへも干物類ハいま〳〵し日干にせうと工む直だんか
ヤイ呉服高く留るも程か有チト下々のはだにゆるせよ
象の鼻ニ天狗の鼻を繼とくはな〳〵高き立そへの華
相らしき色に紺屋と契りしも直段を聞てさめる染色
くすぶれる人のくすべる多葉粉ならいがらき事を思ひつゝけて

傘ハ雨には強き物なれと直段を問ふて降てるの傘

大根や蕪のやうにふとる直に買人の顔をうつる青物

田樂と間違ひそふナ燒豆腐白も直上ケてきらずにも喰ふ

天窓かね尻も金にてはらハ竹あしきかきせる直段張上ゲ

六根のはらひ揚ても雜用の拂ひやらぬハ諸色高間で

枯がれし木柴も今ハ世に出て花の咲よふナ直段成けり

末代の壹ツ咄しに傳へるハ直段の高キ此足袋のこと

目法に直段ハ高くして置てまけるといふハうるし桶々

小間物の高キハとかく噂せず嫁の買ものの内證多けりや

種菓子ハころも懸たる引砂糖百になんぼも目ハござらない

傾城の花の直段もあがりてハ野鄙ナ御客ハこり〳〵てこぬ

昔ゟ木板事なき丸太の直いかに高きにはへた物とて

金物ハいつれも重キ目方して直ハ飛上る身のかるき業

墨筆で文字書物にしたものを天窓かくのハ高キ直段に
直を聞ハ實《ゲ》ニおそろしき鬼瓦高直々々と仕とこそきく
竹藪の高き竹程直ハ上る高《コウ》のものとハ是をいふべし
さら物ハとても買れぬ直の高サ桶や〳〵といふも尤
何の粉と揃ふて出世する時節優曇華ならでうどん粉ハ花
小町にも勝るゝ色の光りにてげに紅《ベニ》天《テン》の高キ御姿
今時の市まに油斷奈良人形間男をする直段とか聞
かミの道のりの道まで知りながら刷毛ではくよに表具理ニ取
アヽすいと顔をしかめて眼をむくハ餘り高キハ酢の直段なり
尻上りするのでもてる商人へ尻の來るのハ尻の下りメ

○儉約いろは歌
伊いつ迄もわすれす守れけんやくを身を安樂にする寶之
呂ろんごをハよしよまずともけんやくをするがろんごの道に叶ふぞ

波はきものや天窓の餝身の廻りとかくしつそを第一にせよ
仁にち〳〵にけんやくすれハ自ら金銭のびてゆたかにぞなる
保ほう外のゑよふをすれハ末々ハミやうがに付てくろうかんにん
遍へいせいにやせづほはらづせいをますたゞ何事もけんやくをせよ
外とりやりの祝義不祝義けんやくをして義理祝義かゝさねばよし
知ちりすべもつもれハ山となる物ぞ一もんにてもむたにつかふな
利りつばけになるかざりしやかしやふう色町風をするもうるさし
奴ぬかはいもすたるをいとへため置ハこばんのはしのせにとなる物
留るろふする人の身もとを尋れハゑよふおごりのミなむくひ之
遠をり〳〵ハほとこしもせよじひもせよしわい計がけんやくてなし
和わつか成かみくづ代もため置ハはかりにかゝる金ニ成もの
嘉かしかりハ此世の中のゆづう之日切ちかへずかへせ銭金
與よくふかく高利とらんと道ならぬあきないせねバ大そんの元

多たくさんに親の錢金遣ひなははてハ紙子をきる身とそ成

禮れんちよくに世渡りをせよよしといふ横道行ハけがのもとひぞ

所そろばんを常々むねに置人ハ身に八算の錢ハつかハず

川つめに火をとぼして金をのばす共しひ心なくバすへハくらやミ

禰ね置にもしつそけんやくわするなよかしふとんかりる身に成らぬ様

奈なつハ麻冬ハ木綿の染羽織おひもきものも目立ぬかよし

良らくそうに絹著る人ハよくならて木綿物きる氣こそ安けれ

武むつましい一けの中をへたつるハりんしよくといふはりの有かき

宇うりかいハとかく心を守れ人ふしやうちのりハ盜ミとらせん

爲井戸端の茶碗よりなをあやうきハ御法度破るかけの諸勝負

乃のミくひニおごれバ終ニ身のどくとなりて病ひにまさるひんほう

於己れのミ口をおごりて下人をハひつめるぬしハ落ふれのもと

久苦ハ樂の種と思ひてかせげたゝ身を樂にしてくをハのかれよ

也安い時かいしめた金まつ人ハとんよくひきのおと《本ノマヽ》いふへし
末又しても芝居ゆさんに出歩行かバ雪駄の金よりへる内の金
計けんやくの札張置て内證ハおこりハ上をあさむくのつミ
不福の神祈る間有ハはたらいてひんぼう神を追出すがよし
己米の飯くわぬ人をハ思ひやれ三度の喰事さいこのミすな
衣ねきもない諸道具類に錢金を入たるはてハ家藏は質
天手のひまが有ハ非人にほどこしをするが其身のきとく成べし
安あさハかひ《マヽ》晝ハ一さい夜ハ茶つけ寐酒あまりすこさぬかよし
左さげ物やきせる紙入持物も伊達をかざらずこうとうにせよ
幾きぬよりハ木綿物をバさつはりと著たる姿ハ奥ゆかしけれ
由豊かなる御世に住身を有かたし《マヽ》思ふを東拜め朝々
女目立たる家ふしんすなひ《マヽ》つそなるいセのやしろを思ひくらへよ
美水とてもあだニ遣ふな火を焚もあだ火を焚な下女も丁稚も

志質素とハ萬の事をこうとうに目立ぬよふするとそかし
惠ゑよふこそ我身を万事ごふそしよはてハはたかにせられるも是
比非義非道せずに心にあきなひをすれハおのづと家業はんじやう
毛物毎にかんにんの二字むねニあて短氣つつしめ喧嘩口論
勢聖人の敎といふも外ニなし質素けんやく忠義孝行
壽炭薪ミそやせうゆや鹽油つゝいへいとふか身の冥加なり
京京大坂江戸長崎のはて迄もめくミあまねき大君の御代

○京ゟ四月六日出
當地別段替り候義は無之候得共別手方大御番組ごふか少々早く御解相成り右代り中條寺尾被參候よし風聞御座候が如何御座候哉右之子細ハ二條様ゟ今度別手方と申もの御取立ニ相成少給者殊ニ少人數ニ而爲御詰相成候よし格別の御大切之場所ニ付是迄之通ニ而可然哉との御沙汰ニ付両番にて相詰別手ハ地守ニ相成候と哉申風説御座候が御地ニ而ハ

如何御座候哉土州薩刕阿州伊豫因州右五大名近々參り候よしニ而所々下宿數多有之候土刕大坂ゟ四萬人程參り居候よし尤十八才ゟ四十才迄にて願通り御聞濟無之候ハヽ戰爭ニ及ひ候間其節みれんなるはたらき無之樣との申聞のよし其內何れ相分り次第早速可申上下略

○當流よしこの

「貳度の勤の苦界のわたし京の喧嘩に手かつりぬ　おはりや咲　女

「元《モト》をたゝせばわたしがわるいほれにやこのよになりやすまい　あふミや彥

「たばけさんした我殿さんを江戸が嫌ひで京かすき　東　屋內　義

「實をつくして空言じやといわれ指のかわりに首三ッ　長門屋□

「わしが短氣で御部屋かもめるやけと出かきよか腹きろか　長門屋萩　野

「〆てしやごわい小倉の帶をまゝにせうとハもりがむり　ひせんやおくら

「年ハ若ても勤に出れば立引づくならまけハせぬ　大坂屋氣　女

「末ハどふなとならふとまゝよほんにしん氣ナ苦の世界　京　屋きん

○四月拾日三之丸天王高塀ニ張紙
國政を重し民を可憐
役人有哉
一家壹人を化ス工夫而已
役人有哉

○四月十二日於評定所左之通御側御用人生駒
内藤喜左衞門殿立合申渡
屋敷高兵院南新道東ゟ取付北側
大御番組
佐久間　次郎九郎
所業不宜趣相聞候付去年御咎被
仰出其後行作不宜趣相聞候付去ル酉年猶又御咎被
仰出候然上は急度可相愼處今以心底不相改又候身持不宜趣相聞不束
之至ニ候仍之急度も可被
仰出之處

御直命已前之所業ニも相聞候付
御宥免之
御沙汰を以知行高之内七拾五石被
召上隠居被
仰付逼塞可罷在旨
次男
佐久間榮次郎
御目見未仕
父同姓次郎九郎所業不宜趣相聞候付去ル午年御咎被
仰出其後行作不宜趣相聞候付去ル酉年猶又御咎被
仰出候然上は急度可相愼處今以心底不相改又候身持不宜趣相聞不束
之至ニ候仍之急度も可被
仰出之處
御直命以前之所業ニも相聞候付
御宥免之

御沙汰を以知行高之內七拾五石被
召上隱居被
仰付逼塞可罷在旨被
仰出候付其方江爲家督七拾五石被下置小普請組被
仰付候
（朱書）
〔欄外〕
追々所業惡敷事ハ御書付之通り近來京町筋天道町東北角八百屋善兵衛と申惣瓦屋根ニ而土藏も有之候由親善兵衛ハ病死いたし候付右娘江養子取今之善兵衛之然る所右女房ト密通いたし彼是と申と手討ニ致し候と申ニ付無是非右ニ隨ひ居候處去寅八九月比ゟ右女房を屋敷江連行其上諸道具迄車ニ爲曳持行候付亭主ハ無是非何方へか隱れ候由
其後屋敷ニも湯殿取建方江付親なる者土を荷ひ候を椽ニ見て居て差

圖致し候不孝之段絶言語候趣一口ニ不孝之罪ニ而も半知ニハなりさ
ふナ物と人口喧し

○四月廿□

一二條攝政殿御所勞之處難被爲　堪御任候間御當職御辭退之清閑寺頭辨
殿を以被　仰上候

一外國人京洛中ゟ入込候由ニ而堂上方即刻御參
內やかましき由已後京地ゟ不入込候樣被
仰出候由二條殿初右等之御一條歟ニ申觸候由ニ御座候

一島津修理大夫同大隅守事三郎 人數七千人程引連上京之由ニ御座候

○三月十七日朝張（紙カ）有之候大宮通寺之內上ル安居院町之西手門柱ゟ杉原紙
ゟ相認文面左之通
此度宗忠神主ゟ組シ恐多も欺キ
天朝猶又世俗を惑し右逆ヲ企候事不屆至極ニ付天誅被行可申候處折

節罪人迯退キ候ニ付不得止候處近邊ニ致徒黨組し候者共有之風聞相
聽若シ隱レ居候義難計後日潜居候處相譯り候得は右罪人可爲同樣事
月

右之文面ニ而張紙有之候右町内ゟ北之町安居院中之町ニ住居罷在候構
内西側家持貸付ニ入罷在候丹波屋作兵衛四拾才計同人弟佐七ト申者三
拾七八才計成両人之者右宗忠明神講釋場莜（マヽ）屋町之誓願寺下ル町西側神
明社神主鈴木右近方ニ出張人々ニ相進メ申候付右ニ之爲差響ニも可有
之哉之風聞ニ御座候

右之次第京都極密之者ゟ御屋敷夫々之者締役ニ爲知越候付借受寫し
候事

〇四月十七日天氣能六半時御供揃ニ而
御宮ニ御詣有之一旦
歸御之上御厩

御覧所被爲　成往計ニ而
歸御未申御櫓歸り車
御覧被遊候
東ハ南ゟ引御櫓正面向ケて囃子候よしけい子ハ大下馬場迄輪をかけ
廻り出行し由
御櫓西窓より
御覧被遊候よし
大納言樣ニは御不例ニ而
御宮　御參詣無之
御名代成瀨隼人正殿被相勤
安千代樣知千代樣道姫樣豐姫樣六ッ時御供揃ニ而御内々評定所ゟ被爲
入
御祭禮往計

御拜覽相成候事
　御道書
新御殿御庭口ゟ下御庭通り高麗御門
御出輿志水御門御屋形前南ニ阿部主膳屋敷脇東御門片端通り南ニ千村
平右衛門屋敷脇西ニ評定所裏門ゟ被爲
入御往之通
御歸輿
一獅子車大ニ思召ニ相叶本町壹丁目引行し所引戻し相成御囃させ有之
　候由
一當年ハ本町筋座敷一向賣まいと存し候處誠ニ能賣候由御けんやくに
て婦人はくとふニ而濟故ニことしでなけらねば見る事ならすと我も
　々々見物ニ行し故大ニ賣しとそ
一本町通壹丁目ゟ不殘禁酒といふ張札出し候由

一今朝升形ゟ引込候節京町長者町大ニ入込候由是ハ兼而両方か腹ニ有事ニ而車之置所之由脇からハ一向わからぬが場所の大ニ六ツケ敷事の由
一本町梶取物高之𦮙ニ付直上ケ之事頼込若右之通直高り不申候ハヽ御斷申度由ニ而已ニ本町ゟ脇ゟ引合候處又々頼込却而元直ゟ安く相成候よし評判有

寺社奉行　竹中彦左衛門
同　間島萬次郎
町奉行　小笠原三郎右衛門
同　肥田銕六
御先手物頭　稲生卯六
同　野呂瀬主税介
御目付　水野揔右衛門

同　小出寅三

○四月九日左之通　田宮如雲

御側御用人勤向相勤候樣被　仰出以來格別多端之折柄日々罷出御模通能相勤且內輪雜費も不少次第ニ有之候付御扶持百五拾人扶持被成

下旨

四月

同十二日左之通　田宮如雲

今般御扶持被成候百人分差上度願之趣具ニ達

御聽候處格別之譯を以被下候御扶持ニ付難被

聽　御許容候併時節ニ付深存入之段尤ニ被

思召候間願之趣御聞届被遣候と之御事候

○京ゟ四月廿一日出ニ來ル書付

前文略當地之義寂早診聞及も御座候ハ一両日何となく
御所内もごた付候樣子ニ而事柄ハ何共不相分去ル十八日二條樣ゟ五攝
家御寄合
上樣ニも御出何方も翌朝御退出と申事ニ御座候島津も十四五日比入京
ニ相成土州も今日入京と申事にて町々にてハ近日軍始り候とて太切成
道具ハ成丈ケ片付候樣子にて至而不謚事ニ御座候十八日朝三條橋詰高
札場ニ左之張訴有之候

角成て王は都に詰られて
歩兵はかりて金銀ハなし
徳川の末にかゝりし一ツはし
すむもにごるも五月雨の比

右之樣子にてハ來月ハいつれ何事か差起り候哉と奉存候大事ニ臨て不

御法令も有之候事ニ付萬一之節ハ討死と決心仕候間未
練之始末不致樣只今ゟ心懸罷在候間御安心可被下候私も是迄追々危難
をのかれ申候間今般ハ格別之御奉公も可相勤と樂ミ御風意聽申上候又
々珍事も御座候ハヽ重便可申上と早々以上
致國辱樣との

四月廿一日

猶々両傳奏も去ル十八日ゟ參
內被差上候下略

〇四月廿日出一文字廿二日著申來候趣

傳奏 野宮中納言殿
議奏 廣橋殿 初三人

右御役
御免

四月十八日

○三月十六日

紀伊殿より御願之趣有之候ニ付和州河州泉州攝州播州右國々ニ銀札取交通用之儀御許容ニ相成候處銀札而已ニ而は不通用之趣ニ付銀壹匁此錢百文と書加候銀札取交通用

御差許相成候間右之趣前書國々之內ニ何も可被相觸候

三月

右之通御下知有之候條此旨三鄕町中ニ可觸知者也

卯三月

伊勢（朱書）是ハ大坂

日向町奉行

三鄕惣年寄ニ

㊀四月廿二日左之通御目付觸

以來家督立又は部屋住等ゟ初而勤役被

仰付御扶持方等被下候節は文武之藝術猶更御吟味之上可被
仰付候間兼而可有其心得候右之通
御目見以上之輩江可被相觸候
　但本文之趣在京之輩江も可被相觸
　四月
　右之通外記殿被仰渡候付相達候下略

(二)三月廿二日再　御奏聞之寫
兵庫開港條約履行之儀ニ付過日見込之趣建言仕候處右は重大之事件被
對　先朝候而も難被及　御沙汰筋ニ付尙早々諸藩見込をも被　聞召候
間篤と再考可仕旨
御沙汰之趣奉畏候慶喜年來闕下ニ罷在
先朝以來御（主）趣意之程親敷相伺居殊ニ一昨年來之
御沙汰も御座候上は開港等輙ク建言可仕筋無御座候處

皇國之御爲利害得失勘考相盡候得共何れニも建言仕候通之儀ニ御座候
而《得カ》は永久
御國躰難相立輕重大小再三斟酌仕申上候次第ニ而此上外ニ勘辨可仕樣
無御座候且一旦取結候條約變更之儀は所詮難相叶事務《勢カ》ニ御座候間各國
ゟ申立候儀有之候節過日建言之趣意を以夫々申達置候事ニ御座候尤打
續國事多端之折とは乍申重大之事件ニ付聊不打捨何と歟取計不申候而
は不相濟義ニ御座候間是迄遷延仕居今更彼是申上候段對
朝廷深恐縮之至ニ御座候就而は前件之次第國家御安危之界ニ付幾重ニ
も一身ニ引請御斷可申上奉存候右之情實篤と御承知被爲在今一應被盡
朝議候樣仕度此段御尋ニ付重而　奏聞仕候以上

三月廿二日　　慶喜

(三)三月廿九日所司代ゟ達シ早々可レ達二大樹一武傳被申渡候事
過日再考建言文言中且一旦取結候條約變更之儀は所詮難相叶事勢御座

候間各國ゟ申立候儀有之節は過日建言之趣を以夫々申達候事ニ御座候
云云之文面如何ニ候哉何分
御沙汰有之候迄必々開港差許候義有之間敷其段必得可在之旨　殿下被
命候事
　尤御請書御差出可有之事

㊃四月朔日
　傳奏衆ゟ諸藩江御達書
今般開港之儀別紙之趣　大樹建言候然處一昨年十月三港
敕許之節於彼地は被止候
御沙汰之次第も有之不容易重大之儀ニ付猶早々上京見込之趣無腹臟言
上可有之事
　但所勞等ニ而彼是隙取候は見込之趣先以書取來四月中可有言上事
　　　　　　　　　　　　　　　　　　　　尾張　前大納言

紀伊中納言　加賀　仙臺
筑前　藤堂　備前
阿波　雲州　有馬
上杉　立花　佐竹
宗　南部　丹羽
〆十六侯
御文言前同斷
但被差急候間見込之趣早々以書取來四月中可有言上候
松平春嶽
島津大隅守　細川　同良之助
藝州　松平閑叟　因州
松平容堂　伊達伊豫守
〆十侯

㊄二月中旬比
公邊ゟ御封書を以兵庫開港
大樹被　仰立之儀ニ付見込申立候樣被
仰渡候由ニ而左之御建言之由因州歟
先達而條約
敕許之節兵庫開港は被止候得共右は兼而期限も有之今更御變更ハ不容
易筋ニ而
皇國之御威信難被爲立依之開港之儀可被
仰立
思召ニ就而は見込之趣言上候樣　御封書之趣奉得其意候上京之儀は兼
而奉
命罷在候得共登京之上御尋問之廉々鄙見言上可仕筈且此度　御下問之
廉ニ而上京　御用相濟候譯ニは無之何れニも早々上京候樣重而蒙

御催促病中とは乍申實ニ恐懼之至押而も登京可仕筈ニ候得共于今往苒罷在不得止鄙情以封中言上仕候素ゟ正邪曲直被知食分は勿論之儀遠國僻邑罷在候[ナノリ歟]今更譯而可申上義は無御座既ニ
條約
敕許之上は兵庫開港之有無ハ暫ク閣《サシヲキ》素ゟ正大之
御威信ハ相立不申候而は不相成候得共唯一港之開鎖ニ依而
皇國之御威信ニ拘り候儀は如何樣之御時宜哉乍恐窺兼候元來幕下兼而
御承知被爲　在候通
先帝攝海守備ニ付而は毎々被惱
宸襟既ニ[ナノリ]先年在京中も近畿ニ夷舶入津之儀は不被爲
好候段は親敷奉伺候儀も有之其上條約
敕許之節正ニ兵庫開港被止候段は殊更被
仰出も有之且幕下御相續已來大坂港ニ來舶之儀ニ就而は重而入港は堅

ク被止候哉ニも傳聞仕居候處
先帝崩御　山陵未乾殊ニ
幼帝御心喪中
御遺敕ニ被爲　違重而開港被
仰立候儀は御威信之邊ニ於而御掛念も被爲在無御據被　仰立之儀ニも
可有之候得共乍恐被爲對
先帝御節義不被爲立共《筋歟》ニハ有御坐間敷哉
幕下御初政之砌億兆之蒼生渇望罷在候折柄萬一御不當之御所置ニ相當
候而は其《甚カ》以奉恐入候乍不及愚存鄙見之大略言上仕候
三月
㈠㈡㈢㈣㈤
右何れも極々內密之書類ニ候間此段分ケ而他見御斷申上候以上
四月廿二日認

○

島津大隅守事

先帝崩御ニ付

天氣爲伺三月廿五日國許發足去ル十二日上京候段申越候此段御屆申上候以上

松平修理大夫内

四月廿五日　　小野半左衛門

從清國琉球國江差渡候

封王使去年六月廿二日著船諸禮式舊例之通相濟捴人數四百三拾貳人無別條同十二（マヽ）日四日致歸帆候旨中山王申越候此段申達候以上

三月十一日　　松平修理大夫

右四月廿五日出

但三郎捴人數全千人ニ不足大隊一隊凡七百人余外ニ用人家老之隊有之の

ミ物頭已上手鑓短旨其外ハ中間小者ニ至るまて鐵砲持參鎗なし頭分ハ家老ニ而も侍小者二人限さつ《本ノマヽ》薩の留守方松永之直話ニ承り申候

○丁卯三月兵庫開港之義ニ付御建白

一昨丑十月中條約

勅許之節兵庫ハ被止旨御沙汰之趣早速外國人に可申渡之處左候而は忽瓦解ニ及ひ折角平穩之御趣意も水泡ニ可相歸且一旦取結ひ候條約相變候は只々信を萬國ニ失ひ候而已ニ而所詮可被行儀ニ無之其段深心配仕候得共一時切迫之情態御諒察之上條約

勅許被爲在候儀尚亦彼是申上候而も斟酌可仕筋ニ付先其儘御請申上置篤と熟考可仕折柄長防之事件差起引續故

大樹之大故ニ及ひ遂ニ開港期限ニ差迫り各國ゟハ段々申立候條約變更之儀强而施行仕候ハヽ必定義理曲直之論ニ及ひ大ニ不都合相生し詰り

百萬之生靈徒ニ塗炭ニ苦ミ

（原註朱書）
條件も有之
右に付尚再
應熟慮勘辨
相盡候處

皇國之御浮沈ニも相抱（マヽ）候樣可成行ハ目前ニ有之右樣之形勢（朱書）立至り候上
無據條約履行候而は實ニ
御國體
御威信共総而不相立猶職掌寂早不相濟次第殊ニ堅艦利器彼か所長を取
皇國之富强を謀候ハ今日之急務候間何れにも開港可仕ハ至當之義ニ有之然ニ今更彼是申斷候而ハ是迄苦心仕候富强之術も□ニ盡果可申且條約之儀は各國交際之基本ニ而永久不易之規則無之候而ハ遂ニ强ハ弱を凌キ弱キハ强ニ被制候樣可相成西國諸國大小强弱は御座候得共全く信義を重し條約致遵守候付凌辱幷呑之憂も無之夫々立國罷在候事ニ而條約之守否ハ國之存亡ニ相抱（マヽ）り候義ニ候得は旁以一旦取結候條約ハ是非遂行不申候半而は難相叶奉存候就而は被爲於
朝廷候而も右之事體篤と御勘考被爲在候樣仕度自然理害得失如何と被
思召候儀も御座候ハヽ參

內之上巨細言上可仕奉存候將亦宇內形勢變遷之義は追々申上候通ニ御座候處古今之情態尙篤と考究仕候得は萬國森列土地風俗之異同は有之候得共均敷天地之化育を請今日其生を遂其死を完いたし候ニおゐてハ素より彼此之別無之旣ニ民生同胞ニ候上ハ從而信義を通し候ハ天地之正理ニ候處

皇國環海之御國柄を以坤輿中東西要衝之地ニ當り卽今海外諸州逐日相開万里比隣自在奔走之砌獨舊轍を墨守し萬國普通之交接不致候而は自然之大勢ニ相戻不容易禍害頓ニ可相生奉存候因而は形勢之變局方今之機會候間四海兄弟一親〔視カ〕同仁之古則ニ御基被遊天下と共ニ御更始被爲在候樣仕度左候ハヽ是迄之陋習一洗數年を不出富强充實

皇國之御威武彌增更張奉安

朝意候樣盡力可仕奉存候此段奏

聞仕候以上

卯三月五日　　御諱

○論語今世註（朱書）按是文久癸亥春所作歟

一以貫之勅命 ○如衆星共之禁裏 ○一則以喜一則以懼親王御意 ○過則勿憚改柳營 ○小大由之攘夷之議 ○歲寒然後知松柏之後凋一橋公 ○君子有勇無義爲亂本（本ノマヽ） ○如有所立卓爾水府先公 ○山川其舍諸尾州先公 ○無適無莫無可無不可田安公水府公 ○苗而不秀者矣尾州越前當主 ○天將以夫子爲木鐸肥前閑叟土佐容堂 ○不在其位不謀其政加賀仙臺 ○在國必聞青蓮院宮 ○造次必於是顚沛必於是堂上方 岡（罔カ）之生也幸而免九條殿 期月而已可三年有成薩州 ○可以託六尺之孤島津三郎 ○後世可畏長州嫡 ○見義不爲無勇也國持大名 涅不緇鷹司、三條、近衞、結城 ○無間然矣大原 與其進也不與其退薩州武士 雖執鞭之士吾亦爲之會津公 ○獲罪於天井伊安藤 ○小子鳴皷而攻之可也久宮葉 ○攻乎異端斯害也已蕃書 無爲小人儒林大學 ○不怨天不尤人井伊當同勤閉塾 ○歸與云々吾黨之小子竹内下野守

急御觸書

車力渡世之者名前揔人數委敷書付ニ爲取調來ル九日迄ニ取集翌十日奉行所ゟ可差出候事

但車力渡世之者之儀は手廣之譯ニ有之候間何渡世ニ而も車曳候業之者ハ書出可申候尤倅等有之候者ハ無洩樣相達可申候事

右之趣御談相成候就而は若調洩等有之候而は其職へ付不爲之儀も難計候間篤と致吟味八日迄ニ有無共可被申達候事

寅八月六日

今度傳馬町竹屋傳吉駿河町米屋庄五郎上御園町丸屋文右衛門冨澤町新屋與吉ゟ車力頭申付

御　城下町中町續車力共支配爲致候筈候條其旨相心得支配之内車力渡

世之者ヽ申渡名前年齢等相認來ル廿五日迄ニ奉行所ヽ可差出事
但車力ニ而も鳶之者之儀は是迄之通鳶之者頭支配之筈ニ付認出候ニ
不及候事
寅十月廿日

町々之者共所持之大八造小車吟味之譯有之候間銘々所持之名前幷員數
とも半紙竪帳ニ爲取調來ル廿九日迄ニ可差出事
十月廿六日

急口上觸
當時洋物商賣いたし候者名前相認町代庄屋ゟ來ル十五日迄ニ
御奉行所ヽ可申達事
但洋物之內何々商賣と申儀幷外品取交商賣之者も其譯見分易候樣相

記可申達事

正月八日

一洋物改所御取建場所船入町之內東側
中橋南詰

洋物改所元〆役
鈴木揔兵衛

白木屋德右衛門

布屋善右衛門

同所世話役
時田屋金右衛門

信濃屋友右衛門

同所勘定役
藤川屋九郎助

久木屋久助

大野屋小兵衛

大急キ

御觸書

洋物締筋被
仰出候付今度堀川通中橋南詰ニ改所取建來ル十三日より日々役向罷出
船陸入荷物改印取計店々有代呂物之儀も不殘相改候筈ニ付左之通可相
心得候

一店之有代呂物改方之仕法ハ臨期可申渡候間兼而品數明細ニ可取調置事
但改印可相遁迚有代呂物押隱不書出或ハ外ゟ相廻置候者ハ嚴科ニ可
行事

一船積之分ハ改所前ゟ致著岸水揚之上改印請陸通り之分ハ飛脚又ハ荷主
ゟ荷物改所ゟ差出改印請可申事
但改印之節船頭又ハ飛脚ゟ送り狀改所ゟ差出荷主ゟ著届出來次第荷
主ゟ品柄幷元代金賣德見積共相記候書付可差出事

一船持共自分買積之荷物ニ而送り先無之分ハ改所ゟ差出改印濟之上賣捌

候節若紛敷取計致候者ハ嚴科ニ可行事
一道中飛脚共出入之洋物紛敷荷造ニ取計往返致候儀ハ勿論根出荷之外洋物自分買幷途中相對駄賃荷等取扱候儀堅不相成事
一都而荷物送り先之無差別
御　城下ゟ持込候分ハ右改所ニ而改印取計他支配ゟ持込候分ハ其支配之役所ゟ改印取計候事
一集槊講江州地商人共取扱候荷物之分も無差別改印取計候事
一御爲銀之儀は一ヶ月分ツヽ取束翌月三日五時ゟ八時迄ニ改所ゟ上納可致事
但御爲銀步合之儀ハ手始之節改所おゐても可申渡事
一洋物之内其品ニ改印難致類ハ目印之爲改所調印之添書可相渡候間品物ニ相添致取遣改印濟荷物同樣可取扱事
一舶來藥種之儀は先々不相改追而改印取計候期節猶可申渡事

一改印洩之品取扱候者ハ荷物引揚嚴重之咎申付荷物ハ見付主又ハ注進主ゟ被下候事

一御爲銀可相掠迚荷物元代金取繕金高少ニ書出候者は是又嚴重之咎申付時宜ニ寄荷物引揚候事

右之通夫々相心得無違失可相守者也

二月十一日

文久錢之儀三都之歩立倣ひ一枚八文ニ通用可致旨去々年九月相觸置候處其後右錢不融通ニ而於内輪七文ニ取遣いたし居候趣相聞候右ハ此節百文錢文久錢共大相場突合付而は七文ニ取遣いたし候儀ハ不當之儀ニ有之候條兼而相觸置候通一枚八文之割を以無差支通用可致事

四月十八日

小麥挽落から粉之儀當時小前之者專食用之多足ニいたし候趣相聞候付當分他所賣之儀差留締筋之儀は米麥雜穀同様取計筈候條心得違無之様可致候若背之者有之おゐてハ急度可申付候事

四月十八日

○五月廿二日左之通御觸

御勝手向御不手繰ニ付是迄品々被仰出之趣有之候處世態ハ次第ニ差迫候付平常幷非常之御備も不被立置候而難成候へ共近來臨時未曾有之御物入差湊更ニ御繰合之途難相立自然右之御備は勿論御家中御充行御渡方御國民撫育筋迄も不行屆必至御難澁之限ニ付深御心配被爲　在　御左右ニ付候儀は一際御不自由御忍被遊万端格外ニ御減省被遊破格之御切替被　仰出候就夫御家中おゐても勝手困窮之中武備之儀格別御世話も有之候付從來之渡物迄御減省又は增上納

等之儀は御厭被遊度萬々
思召候へ共誠無余義御時節ニ付左之通被仰出候條其段篤と可相心得
候
御目見以上代々御徒格部屋住勤之輩御宛行去ル酉年以前之通半減ニ
相成候事
但他所詰等之節減居候高丈御手當金被下候儀ハ是迄之通可心得候
一御譜代席之輩倅御宛行半減ニ相成候事
但米三石御扶持二人分金三両御扶持二人分幷御扶持三人分ゟ以下
は不相減候事
一御徒格已上ゟ御引立相成居候輩ハ代々御徒格以上部屋住勤之輩御
宛行准シ相減候筈候事
一他所詰之節ハ相減候高丈爲御手當御金被下候事
一勤役之輩御役高ゟ過高ニ當り候分當卯年ゟ來ル未年迄五ヶ年之間御

普請本役相勤候筈候事
但他所詰等之節過高之分共不殘御普請役　御免之儀ハ是迄之通可
心得候
一拾五才以下無勤之輩高百五拾壹石以上百石ニ付壹石五斗之割右以下
高五拾壹石迄ハ百石ニ付壹石之割增御普請役相勤候筈候事
但高五拾石ゟ以下之輩は是迄之通之筈候
一他所詰之輩御切米半年分引揚相渡候義以來差止候事
但交代等ニ付發足前翌季渡之分時分早渡之儀ハ是迄之通可相渡候
右之通在尾州在京之輩ぃ可被相觸候
五月
○京都五月十六日出同廿三日來著
于時當節之形勢追々御聞及ひも可被爲在四藩上京頻ニ周旋御座候趣ニ
相聞申候町々も先比中ハ何歟今にも軍の起り候やうなる風說にて迯支

度専らの噂ニ御座候處昨夕ハ大ニ静り米相場も土州上京已來下落仕百文ニ壹合壹夕と歟申事ニ承り申候加　土両州より澤山入米仕候故と申說ニ御座候一昨十四日ハ越州宇和島土刕薩州共　御旅舘ニ登
營
御目見之上於
御前御料理等被下置御馳走澤山ニ御座候由晝前出夕方退出之由右節薩州の行列凡左之通ニ御座候

先拂同
銃士拾貳三人　銃士拾貳三人　銃士拾貳三人
拝領寮御馬
駕
銃士數十人　駕脇侍數人　駕脇侍數人　銃士數十人
鎗壹本　傘
銃士數十人　銃士數十人　銃士數十人　銃士數十人
同勢

右之通之行列にて駕脇幷跡供之銃士四行ニ相立百貳三十人程參り申候よし何れも管打銃持之候よし土州ハ乗切其余ハ地□ニ替候義も無御座
土州之家中と相見羽織襠之侍數人尤

營中
御旅舘邊を徘徊仕居候よし同日ハ
御所ゟも公家衆參
內有之
天幕共大御評定と相聞申候是先如何相成可申哉御評定之趣承り度事ニ
奉存候且又先頃大坂ゟ參り居候異船之歸り懸長州海にて戰爭異船四艘
覆滅一艘は助り候と申事實說と申事ニは候得共いまた隣國等ゟ之屆ハ
見請不申候下略
○五月廿五日
兵庫開港之事
元來不容易殊ニ
先帝被爲止置候得共
大樹無餘義時勢言上且諸藩建白之趣も有之當節上京之四藩も同樣申上

候間誠ニ不被得止
御差許ニ相成候就而は諸事屹度取締相立可申事
兵庫被止候事
條約結改之事
右取消之事
長防御所置之儀ニ付別紙之通
御所より被
仰出候尤御所置品は尙改而可被
仰出候得は先此段相達候
五月
長防之儀昨年上京之諸藩當年上京之四藩等各寛大之所置可有
御沙汰旨言上於

大樹も寛大之所置有之
朝廷同様
思召候間早々寛大之所置可取計候
五月廿五日

越前 松平大藏大輔
薩摩 島津大隅守
土佐高知 松平容堂
伊豫宇和島 伊達伊豫守

右御國事之儀ニ付蒙
敕命登京之段
叡感思召候内(マ)患外憂切迫之時節候間滯在豊(盡カ)力可被安
叡慮旨被

仰出候
右御主意ニ付松平大藏大輔初四家重臣
御所御假建所ゟ罷出御酒三
樽鯉十本宛拜領
大藏大輔初四人五月廿三日參
内廿五日退殿三日二日居續
一公方樣五月廿三日午上刻
御參
内同廿四日夜亥上刻還御

丁卯雜拾錄

二

○丁卯六月二日明倫堂摠教ゟ出候書付貳通於堂中督學讀聞

寫

士たるものゝ本躰ハ常々士道をミかき御大事之節少しもおくれを取らす

君命を重んし身を厭ハす高名手柄を顯し御奉公を仕遂候が士之本躰ニ候手近く是を譬ふれは百姓の本躰は常々農業を精出し時ニ至て上ゟ之年貢を全ふ上納いたすか如し百姓ハ年貢を欠かしてハ一切不相濟とく士も此本躰に少しも欠ケ有之候而は外ニ何程之よき事有ても何の役にも不立大なるけかれにて誠ニ耻辱之至天下後世迄取もとしかたき事ニ候又此本躰さへ間違なく相貫候得は夫ニ而士之一分ハどこまても相立候義ニ而至而事少き譯ニ候されハ百姓ハ常々耕作を怠候へハ自然と年貢上納の手つかへとも相成候如く士も常ミ文武の藝業を不嗜してハ自然御奉公の手つかへとも相成候間隨分藝業怠りなく可相嗜筈候間幼年

ゟ先第一ニ士之本躰ハ如何成物そと申所を慥ニ覺悟いたし候樣教導申たき事

五月　總　敎

寫

泰平の久敷習殊更中國之士風我も人も自然と華奢柔弱ニ移り町人婦人の樣ニ流れ居大事之期ニ及御用ニも立兼可申哉と且ハ心痛且ハ耻入候事共ニ候本書ニ申候通士之本躰大事之〆くゝりさへ覺悟候へハ其外何も心安く幼年ゟ隨分快活ニ仕習出堂之間にハ水練漁獵或ハ角力遠足其余何成共氣ニ向ひ候義ニ而筋骨を練山野ニ起き臥し風雨寒濕を侵候ても不中樣身躰を堅固ニきたひ込大事之節御間欠無之樣心懸候義武士一廉之嗜ニ候間とかく身之持方上品手弱ニ不相成氣力勇壯筋骨手丈夫ニ相成御用立候樣敎導致し度事

五月　總　敎

町中ゟ御觸書

廣小路施行米初吉田町淨念寺延米會所正米會所おゐて爲相渡候安賣米之儀共是迄ハ渡來候得共先達而も申渡候通此上際限も無之事ニ付先々安賣米之分ハ來ル十日ゟ差止施行米之儀も引續差止候日限可申渡候條熟麥等に而米融之時節銘々相應之職業相勵如何共渡世筋相續可致候事

六月二日

同

新舶來品之内紺青群青又ハペレンス等近來菓子類色取ニ相用ひ候由右ハ毒氣も有之趣ニ相聞候間以來右躰之品食物等ニ相用候儀ハ堅不相成候事

別紙御觸面之趣端々小前之者ニ至迄不洩樣兼々爲相心得候樣ニとの御事ニ候間此段譯而申添候事

六月六日

（原朱）
御守殿ヨリ両口屋喜十郎方ゟ御菓子御注文ニ而差上候處女中之内給候處両三人腹痛或ハ吐瀉いたし候處早速喜十郎御呼出若や異國之品相用不申哉と御尋之處尤其義無之旨ニ付左有ハ道具諸品不殘持參いたし御守殿ニ而御菓子製し候樣との御事ニ而御守殿ニ而製し候處青の色至而惡く如何哉と御不審相成候處全く御次ゟ御注文にて候付異國品相用候由申上候處次の者ハ死して不苦哉との御事ニ而御用達幷御扶持三人分共御引揚ニ相成候付右之御觸出しと云

○卯六月十日出大坂ゟ之書狀
當所町人頭立候者七人京都ゟ召狀到來之由ニ而夫々罷出候處左之趣相聞
當六日比
上樣御座所若州屋敷ゟ罷出候處所司代衆御老中衆大目付衆大坂町奉行

列坐被申渡之次第

今般帯刀
御免新知百石ッヽ被下之兵庫交易元締役

今般帯刀
御免苗字是迄無之両人江は苗字をも
御免兵庫交易頭取五拾石ッヽ被下之

山中善右衛門
廣岡久右衛門
長田作兵衛
殿村平右衛門
平瀬亀之助
辰巳屋久左衛門
平野屋五兵衛

地方御藏米之境不相分

但此七軒外國と交易いたし諸人ハ此手ゟ賣買之筈御取締出來横濱之方も此樣之御所置可相成よし

右之趣書面等は流布不仕相分り兼候得共大意ハ如斯相聞申候隨而此地之評ニは彌御受之出來候物ならハ一命不捨候而は難相勤又相勤候得は身代如何と評不宜相聞申候聞取之儘先申上候

○六月十八日御側御用人内藤喜左衞門田宮如雲升堂有之左之輩に被相達候寫

明倫堂訓導被　淺田百藏
仰付雜用銀廿枚被下置候

明倫堂訓導被　丹羽信四郎

仰付御扶持壹人分雜用銀七両被下置候
寄宿舎長是迄之通

平岩佐太夫
早川増三郎
近松代治
鳥居儀兵衛

明倫堂訓導被
仰付雜用銀廿枚被下置候

五味文三郎

明倫堂訓導被
仰付御扶持壹人分雜用金七両被下置

酒井勘兵衛

明倫堂訓導被

仰付雜用銀廿枚被下置候

塚田善一

三村益吉

丹羽彌一郎

同　龍三郎

細野得一

明倫堂訓導被

仰付御扶持壹人分雜用金七両被下置

田島兵庫

明倫堂訓導並被

仰付御扶持壹人分金五両被下置候

宮田平五郎

同斷被

仰付雑用金七両被下置候

丹羽松三郎

同断

竹田鉚太郎

同断被
仰付御扶持壹人分雑用金五両被下置候

同　人

學業出精ニ付御扶持貳人分被下置候

犬飼司馬太郎

明倫堂訓導並被
仰付御扶持壹人分雑用金五両被下置候

鵜飼建治

同日被相達候寫

明倫堂訓導初
學生一同江

向後讀書之階級を以御吟味之上御扶持雜用等被下候筈ニ付御飯被下候義は被差止候

寄宿生江は是迄之通御飯被下筈候

同日申渡

訓導衆江

明倫堂訓導幷同並之儀一役は不被相立是迄之上座學生之振之筈可被心得候右並役之儀は御目見以下之輩ニ候得共師道を重ンし候筋ニ而堂中限士分之末ニ被列候間本役同樣ニ可被心得候

六月

○丁卯六月廿八日左之通

原　八九郎

寄合被　仰付候

御書院番頭
熊澤大次郎

御勝手御切替ニ付御足高之内五拾石上り候

御小納戸
範次郎様御用人並
林　五郎四郎

御本丸番
織田大作

同
寄田岩藏

同
小久保彌太夫

同
片桐宗次郎

同
生駒猪之右衛門

同
瀧川喜左衛門

同
富永定次郎

同
大島久吉

同　小久保彌太郎
同　山崎留助
同　海部久右衞門
御城代御用取扱見習　山岡鉞次郎
寺社奉行所吟味役　三澤謙七
御勘定吟味役地方　服部唯四郎
同　松田新八
町奉行所所吟味役　久野良藏
御藏奉行　馬場多喜藏
御細工頭　小林八右衞門
御船手改役　今井官一郎
岐阜奉行所改役　和田茂左衞門
新御番　本間吉十郎

同　三浦武太郎

御同朋　平野長阿彌

小十人組　志村分平

同　渡邊万右衛門

同　三浦平七

同　山中謙吉

小普請組世話取扱　平野七右衛門

御徒目付組頭　谷次郎兵衛

御數寄屋頭見習　伊東宗味

御役々人數被相減候付勤向

御免被遊候追而明有之節勤向可被

仰付候

勤向無之候付御普請役可相勤候

林五郎四郎

御勝手御切替ニ付御足高之內三拾俵上り候

御使番
御鐵砲玉藥奉行勤向
御免

天野內藏七

御役々人數被相減候付砲器御手入方幷合藥製造方御用向申合相勤候義

御免被遊候

勤向無之候付御普請役可相勤候

同人

御勝手御切替ニ付御足高之內三拾俵御引上ケ可相成處御賞を以被下置候高も有之候付御足之內拾八俵御引上ケ相成候

御本丸番目付役

佐治八右衛門

御役々人數被相減候付目付役

若林悅次郎

御免被遊候

御吟味之譯有之候付御加増米貳石御加扶持壹人分被下置候

牧野鍬藏

御勝手御切替ニ付御足高米之内貳石御引上ヶ可相成之處父勤功を以被下置御足米も有之候ニ付御足米之内壹石御引揚ニ相成候

服部唯四郎

御勝手御切替ニ付御足米之内貳石上り候

松田新八郎

御勝手御切替ニ付御足米之内三石御引上ヶ可相成處父勤功幷御賞を以被下候御足米も有之候付御足米之内壹石御引上ヶ相成候

久野良藏

御勝手御切替ニ付御足米之内四俵上り候

小林八右衛門

本間吉十郎

御勝手御切替ニ付御足米之内三俵上り候

御同朋御數寄屋頭兼
日比野林阿彌

御役々人數被相減候付御數寄屋頭兼役御免被遊候

平野長阿彌

御勝手御切替ニ付御足米之内五石上り候

志村分平

御同朋並と可心得候

渡邊万右衛門

御勝手御切替ニ付御足米之内壹石ツヽ上り候

小十人見習
都筑捴十郎

同
服部重三郎

同
尾崎善左衛門

御役々人數被相減候付勤向
御免被遊候追而明有之節勤向可被　仰出候

伊東宗味

御勝手御切替ニ付御足米之内三石上り候

○丁卯六月東都ゟ來狀

一此表先穩ニ御座候へ共昨年比申上置候夷人風ニ押移り之儀當正月ゟ日々相増殊ニ坊主御廢しニ相成久々長髮直キ被髮と相成又は當春崩御ニ付長髮引續被髮揔髮之者多傘も晴雨共夷人之傘沓を履歩行仕候俗ニ日本唐人と稱へ申候右躰之者市中七分通行仕候尤皆侍人ニ而農商等ニは無之併彼傘ハ商人ニも相見へ申候

ロウ引の切之同し筒袖ニもレキショと申は僧衣の如くひだ御座候刀も帶し候へ共皆革ニ而肩ゟ腰へけさニそり申候日本ニは管仲無之候やと奉存候比日親族共病氣ニ而内々金澤邊ゟ相越候處横濱不相替繁昌日々夷人共大勢にて金澤

邊騎して遊覧仕候既ニ金澤瀬戸と申景色宜敷地ニ酒樓を建夷人之遊所ニ致し扇屋と呼日本人ハ登り不申候日本語を覺へ酒樓之妓婦等ニ對しアナタ《御前》〳〵と申候別れニサヨナラ《左様》と申候馬は何れも長大に御座候先ハ横濱邊夷國ニ相成申候此邊魚類を初として野菜物其外米穀ニ至る迄江戸ゟ高價併下輩之者渡世も宜敷哉餘り難澁之躰も相見不申候往來茶亭杯の様子も昔ゟ繁昌ニ而暮し能杯と申候随而奢侈ニ相成衣類を初履物等ニ至迄法外ニ喬《マヽ》奢ニ相成其日稼之漁家の婦人共髪結ニ髪結セ申候様子世の中之變化ニはあきれ申候人氣ハ益悪敷金澤邊鹽濱年々廣く相成氣色大ニ損申候右病人ニ而參り候事故金澤文庫之跡等も不尋右碑等も不得摺殘念仕候能見堂ニ上り一覧仕候

一此表専南京米商ひ百文ニ付白米壹合六夕或ハ壹合七夕ニ御座候是ニ而窮民凌申候左ニ諸品直段申上候〇茄子百文ニ七ッ八ッ胡瓜同直いんげん豆壹把ニ付百文位うんどんそば一盃ニ付四拾八文鹽壹升百六十四文梅ハ

當年實成宜敷百文ニ付壹升位味噌百文ニ目方六十匁大豆小豆とも壹合八十文位錢両ニ八貫六拾四文位ともし油壹合貳百文已上酒も同直段蒸菓子類昔四文位の品十六文銀壹分の品今五分酢し同様とふふ一丁六拾四文七拾貳文油揚壹枚拾六文（尤御國ゟ少し大キなり）右之外何品ニ而も昔の六割程も相増申候道中泊宿賃相對ニ而金貳朱ト貳百文位如此諸價沸騰し諸民困窮の中ニ而毎夜新宿の妓樓へ通ふホイ駕籠の聲終夜絶間なし芝居角力浄瑠理軍談講釋場等大入藝妓等東西ニ奔走す（是ハ京坂ゟ出立又ハ歸府等にて客な爲す時ハ必す呼事ニ）諸侯屋敷々々藩中多く國ゟ引取屋敷内住居向等追々引拂長屋等取毀ち申候唯々東國之大名は出府仕候も有之右等は萬一之變時有之時ハ關東關西と銘々用心にて人數差出し置關西之人ゟは江戸表ハ不渡抔と申候覺悟にや先ハ追々申上候通り各國之機さし御座候其中ニ而遊所場芝居等之繁昌は不思議の其一ツ也世の中種々變化にて金銀ハ動き候事と見へ申候

公邊御家人役扶持ハ皆百文錢ニ而渡る故ニや錢相場殊之外致下落候此表ハ日々之樣ニ變り申候行末如何成行候哉愚考ニは見通しも出來不申候先々其日を送り申候昨年出府致し候時ゟ又大ニ變化仕候

一山高石見守義民部大輔樣御附屬ニ而當正月十一日横濱出帆同月十五日唐之上海湊ゟ御著岸二月十六日印渡渡アフリカ州之見ゆる所迄被爲入候由石見守宅狀ニ申參り候由右は赤道直下ニ而二月中旬之季候六月比之如く熱し申候由

一此表風說ニは民部大輔樣日本之官服無之筒袖ニ而御渡海相成候間彼國ニ而疑惑いたし日本高貴之御方御官服無之義は有之間敷民部大輔樣ニは有之間敷抔申御上陸も難被遊無據御歸國と申候へ共全く虛說ニ而山高石見守も俄轉進ニ付官服間ニ合不申候依之親類內池田某ニ而官服借用手當致し其外日本之品ニ而服ハ羽織迄夏冬共持參致し候由況や民部大輔樣ニおゐておや皆虛說と相見へ申候

一長防も先和平ニ相成候由兵庫開港も彌御許容ニ相成勝手次第致賣買候樣市中ヘ御觸有之由右ニ付大坂表ニ夷人居留候由
一此表高名輪ニも夷人館出來　御濱御殿も夷人ヘ御渡ニ相成候抔申候御政事向も夷人ヘ御相談ニ相成抔と種々惡說仕候
一此節夜盜所々ヘ押入或ハ往來逐剝等致し甚物騷ニ御座候夜ハ往來無御座候
一六月十九日夕暮ゟ夜五ッ時過迄大雨大雷所々ヘ落近年不覺大雷之由御座候
一先般より道中井筋此表熱病流行死亡人多く御座候
一諸國共麥作は十貳分と申候乍併米は相場引下ケ不申候諸品益高直ニは困り申候
　　變事御內々申上候
僕當時江府西郊大久保邑尼寺之內ニ內々寓居仕候處去ル十六日之夜變

事有之旣ニ黄泉之客共ならんと欲し候處未命數盡不申候乎幸ひニ免れ申候右庵中ニ取締として箕田金平（黒川新太郎實父なり）住居仕候其外庵之下男壹人庵の勝手の方裏門の傍ニ住し申候右之外男ハ無之尼共廿人程も住し又中門の傍なる隱宅ニ老尼住し召仕之下女ハ十三四歳の小女とも三人有之元本所銅座之隱居にて富有之者ニ御座候折惡敷金平泊番留守ニ而宅ニは悴老母妻小兒両人ニ御座候處宵の内近邊ニ而三四人逐剝ニ逢裸ニ成窓下往來甚物騷ニ御座候（小子宅表門之脇にて往來ゟ一間程隔候）小子晝之内米を舂大ニ困憊し未暮内より蚊帳ニ入候處蚤多く寐もやらずしてうつら〳〵と致居候處窓下往來騷ケ敷婦人の泣聲ニ而逃行を跡ゟ逐欠行足音して犬頻りに吠る暫時過て南隣り桶屋の表之木戸を叩く者有予か寓居と四五十歩隔れは慥ニハ聞取かたく候へ共番衆町なる辻番之老父之樣子ニ而桶屋の老婆賊ニ出會遁れ去りしを近邊の事故安否を尋問に來りし乎と聞侍りぬ折柄往來を両人過る者の咄しニ白刄《ヌキミ》ニ而逐懸し抔語りなから

に過行ぬ扨も〻近比ハ物騒なる事成と思ひなから又うつ〳〵として子之刻過る頃にや戌亥の方隠居所邊とも覺しく一聲叫ひ戸障子の倒る丶やと思ふ音す扨は盗賊押入しやと起出燈火を点し帯引〆身輕に支度し雙刀を挿し門の守衛を兒ニ命じ前後に氣配し立出んとせしが外へ出る迄は氣分何となく惡けれと外へ出けれハ蒙氣ハ散然たり隣家箕田を起しぬれハ老婆立出ぬ黒川を連見廻りに往べしと宵ゟの騒〻敷あらましを語りぬれバ老婆答へニ彼ハ若輩殊ニ熟寐入たれバ物の用ニ立ズと云然らハ起て居玉へと云捨て先南の方園中間道ゟ往て密ニ容子を窺ふべしとそつと忍ひ行て藪の蔭より暫く窺ひ見るに折節空ハ雲晴て月ハ皎〻とさへ渡り庭の面くまなく見へ夜ハ深〻と更寂〻寥〻たりまづ引立し計ニ而締り無之中門を外ゟ靜ニ開らき内に入勝手口ゟ路次の戸を明て庭へ出寮の窓下ニ而尼共を起スニ答へなきま丶夫ゟ南の方の庭を周りて本堂へ至り見れハ幽に本魚の音しけれハ誰なる乎と問に蓮壽

といえる老尼立出ぬ今宵は何歟怪敷騷々し衆尼を起し玉へもし大勢押入候ハヽ半鐘を撞玉へと其所に壹人附置僕《下男ヲ云》を起し玉へとて起スに下男ハ部屋の戸を内ゟ鎖し戰慄し居たり

此下男の部屋ゟ隱居所へ近し後ロハ西向天神の森にて老杉森々たり本堂の庭ゟ此所迄ハ杉の木多し

屢呼に如何セしやと問に命惜しくて出られす慄ひ聲にて答ふ予曰臆病なる者哉我往候まヽ拍子木を拍べし假令大勢忍ひ入共盜賊なれバ恐るヽニ足らずと云けれハやう〳〵慄ひなから出たり先拍子木を拍勢予ハ提灯を持隱居所へ至り庭へ入れバ隱居ハ庭の雨落に身體腥血に染て仰向ニ反倒たり此有樣に下僕ハ大ニ驚愕し逃出したり緣の戸壹本明燈火消へて內ハ闇々たり予も一足後へ下り猶豫立止りたる時內ゟ二三人飛出す者有曲者成やと身構へし熟視《ヨク〳〵ミ》るに下女共にて外へ出る哉否助ケ玉へ々々々と泣出したり一先後へ引返し庵にて委細の樣子を聞に下女共

ハ泣臥し言葉も不出然る處構への外裏門の邊往來ゟ變事ハなくやと聲をかくる者有誰なる哉と問ニ隣家の桶屋なるが往來の境垣破れたるゆへ聲を懸しと云ともかくも内へ入へしと裏門を明たれば何れも一刀を帶し提灯を燈し三人入來る何方へ往しやと問に過刻西隣の主し逐剝に出逢裸に成しを送り往し歸路成しか垣の破レ有し故異變も有やと尋ねしなりといふ夫ゟ打連隱居所へ行見るに賊裏の外構への垣を切破り忍ひ入隱居を殺害せし樣子にて隱居ハ早息絶たり扨又下女共を介抱し事の由を熟々聞に下女共漸々と言葉も出て一人の下女云樣隱居ハ近比中風にて煩ひ居しが宵ゟ心地惡敷下女共ニ看侍させ侍りしが夜も更しまゝ下女共を寐させ己も枕につきしが何となく心地惡敷未眠もやらすして有しが戶外ニ男の聲にて松平勘十郎隱居の親族幕士なり方ゟ急用有りて來れる者なり早く爰明て玉へと言者有兩人の下女共は熟寐入し故隱居聞付下女を呼ひ起し早くも寤（寐カ）入しものかな抔と小言に壹人の小女いまた眠

らされは起出て廊下の戸を明ぬ壹人の下女も起出玄關の戸を明ぬとせし所長大の男廊下の縁へ上りし所へ隱居も深夜急の使に驚キしや急用とハ何事と其所へ立出隱居一聲叫ひ迄ハ覺へありしが其後ハ餘り驚愕恐怖し心氣も遠くなり何事も覺へざりしといふ唯哭泣し事わからす曲者の多少を問に其程も不分其邊を熟々見るに屋脊垣のこなたに少しの畑有しが足袋のまゝなる足跡有て垣の破れし所を少し行過立歸り元の破より外へ出し樣子にて何地へ逃去しやしらず内へ入しハ壹人と見へ侍りぬ夫ゟ箕田を呼に遣し彼隱居の親族等ぃ人を走らせ異變を告箕田ぃ歸宅の上戸山の官邸役所へ訴へ市谷之後宮ぃも訴ふ是ゟ諸事箕田周旋し戸山御屋敷方役人も來り事内分ニ而彼隱居ハ松平家ぃ病中の如くにして轎に乘引取行事すミぬ

彼隱居刀疵十一ケ所左之脇腹突疵深シ

慶應三年

丁卯六月　　　　　　　　　拙齋頑夫誌

別紙ハ過便差立可申と認置候へ共右之義ニ而彼是と混雑仕一便延引仕候段御斷申上候

○五月朔日於京都板倉伊賀守殿御渡

松平因幡守家來江
松平備前守家來江

水戸殿家來當地詰之内ゟ多人數出奔其國許江罷出候趣相聞事柄趣意不相分候得共當節柄不穩擧動ニ付到著次第留置其旨申聞候樣可仕候

五月朔日

右ニ付五月十一日於京地御屆

一此度御達相成候水戸殿家來別紙名前之者去ル六日迄ニ國許江到著仕候尤來意之趣ハ追而申上候樣可仕旨國許ゟ申越候間此段不取敢申上候以上

五月十二日　松平備前守家來　澤井宇兵衛

別紙

八拾餘人之姓名略之役名而已記ス

一小従人目付壹人　一中奥番　七人
一床机士　拾貳人　一寄合組　拾四人
一遊撃隊　五人　一小寄合　拾七人
一與力　四人　一目付方　六人
一先手方　八人　一矢倉方　壹人
一次勤　壹人　一備組　三人
一外ニ家來拾人

別紙

水戸樣御家來
岡本榮三郎　藤田大三郎　鳥居幾之助
菅沼八次郎　皆川由之助　村田銕藏

加治德藏　外ニ家來一人

今度國元ゟ罷越候内右之面々歎願之趣有之因州表ゟ罷越度旨申出候ニ付家來之者差添去ル七日出立爲仕候此段御屆申上候樣國元ゟ申付越候以上

五月十二日　松平備前守家來　澤井宇兵衛

○京都ゟ申來文言前略

五月廿三日　大樹公御參　内二條一條九條山科宮加陽宮中川鷹司御父子大樹公前後ニ御參　内然處薩摩宇和島二侯ニは參　内御斷相成候内越前侯御參　内有之筈之處假ニ御不參ニ付所司代御直ニ而是非御參　内相成候樣ニ申入之趣ニ而同日夕七時過御參　内宇和島侯ニは原市之丞御使ニ而漸々同夜八ツ時過御參　内薩摩侯ハ幾度御催促ニ而も御斷漸々翌廿四日朝四時過爲名代小松帶刀御假建ゟ出ル夫ゟ長州一條兵庫開港一件御評議尤堂上方ハ不殘參　内有之漸々廿四日夜四時御評決ニ而

御退散ニ相成候趣

翌廿五日御觸　其文略之

一長州一件は去冬上京諸藩當春上京諸藩當時上京之四藩と同樣御寛大之御所置申上候付寛大之所置可被取計旨

敕諚相下ル

一兵庫も當時上京之四藩同樣申上候ニ付無御據御許容之旨

敕諚下ル

五月廿六日四矦伺書　春嶽殿　大隅守　容堂　伊豫守

兵庫開港防長御所置之二件は當時不容易内外之大事と奉存候全躰幕府防長再討之儀妄擧無名之師を動し兵威を以壓倒可致心積ニ候處全奏功ニ不至天下之騷動を引出シ候次第故各藩人心離叛物議相起候時宜ニ御座候就而は卽今被爲立國基候は急務公明正大之御所置を以被爲立天下ニ臨候而は一圓治行不被爲得候ニ付防長之儀は大膳父子官位復舊平常

之御沙汰ニ相成幕府反正之實跡相立候儀第一と相心得申候間判然明白實跡相顯候上天下人心始而安堵可仕候且又第二兵庫開港時勢相當之御所置被爲仕順序を得可申兼而勘考仕候先般蒙　御下問候得共未タ一同敕問對答不仕内前文二件順序區別を以幕府江屢申出置候然處一昨廿四日防長之儀ハ寛大所置可執計兵庫開港之儀ハ當節上京之四藩も同樣申上候間誠ニ不被爲得止御差許と云々御書付拜見仕候實以意外之次第不堪驚愕仕合御座候甚恐懼之至奉存候得共

皇國重大之事實相違之儀默止罷在候場合ニ無御座候間不得止又候奉伺候以上

五月廿六日

○卯六月新町方同心大八木四郎次郎ゟ差越

當卯六月八日大坂町人富家之者京地江被　召出御老中方より兵庫開港引請方被仰渡候上左之通被　仰付

此項肩書ハ
皆朱書ナリ
校訂者識

鴻池 山中善右衛門
賀島 長田作兵衛
右三人苗字帶刀
御免攝家《マヽ》之內百石宛地面被下之
米平 殿村平右衛門
米喜 石崎喜兵衛
阿波屋 和田久左衛門
右六人苗字帶刀
御免同斷五拾石宛被下之
炭安 白山安兵衛
カシマヤ 長田作五郎
シマ庄 中原庄兵衛
カサ十 樋口十郎兵衛

賀島 廣岡久右衛門
米彥 白山彥五郎
平瀨摠十郎
天王寺や 高木五兵衛
米伊 殿村伊太郎
カシマヤ 長田作次郎
島市 井上市兵衛
米長 生堀長太郎

鴻池市兵衛

松伊
松永伊兵衛

右拾人苗字
御免拾人扶持宛被下之
一兵庫神戸《カウベ》ニ而三百六拾軒町家立退被
仰付尤替地ハ不被下候壹棟ニ付銀五百目ツヽ壹坪ニ拾五匁之御手當被
下候由
右風説申上候

卯六月

○大坂穢多大金持渡邊村ゟ此度御用金被
仰付候處右いつれも難有御請申上候夫ニ付穢多共由緒は元
神功皇后三韓御征伐之御供仕候武家之處長ク三韓ニ滯在獸肉を喰候ニ
より歸朝之後は御所勤　御免ニ而陵等之御番相勤其後皮類之御用專ニ
相勤候ゟ人間之交り被隔穢多と相成殘念之次第然ニ此度追々外國人は

獸肉を平食ニ致し候者ニ候處格別御叮寧之御取扱ニ相成候儀ニ候得は私共おゐても向後穢多之名目御除キニ相成候樣仕度奉願候左候ハヽ猶又家財を傾ケ御用金獻納可申上旨

右願書有文長キ故略之　虚實未不明

○異人共相願候由ニ而上野御山内又日光拜禮等御老中方ゟ　上野宮樣ゟ申上御許容無之候付度々御催促申上候處一圓御不承知之趣にて去ル四月　宮樣ゟ御所ゟ御伺ニ相成候趣

○清水民部大輔樣御家來天竺ゟ來狀

民部大輔樣佛朗西ゟ御渡海御供之人其道中天竺ゟ之書狀之

水藩　菊地平八郎

井坂泉太郎

三輪友右衛門樣

以手紙致啓上候

少將様益御機嫌克今日印度天竺地勢英領「シンカホール」と申所に御著船ニ相成大洋を御渡被遊候處是迄一度も御船氣なく御安心申上候支那「ホンコン」より日本五月比之氣候ニ相成申候日々暑氣ニ相成「セイロン」ニ至り候而は土用中位ニ御座候船中尤難凌相覺申候「セイロン」と申地は一ケ年ニ三度位穀出來候而此節も實のり七八月之旬氣ニ相見申候

廿六日正月同所御出船廿九日夕刻「シンカホール」に御著船相成此所ハ海岸深く直ニ岸ニ付船ゟ橋を懸上陸致し候場所ニ御座候何れも里人多く居申候京師を立て一ケ月ニ御座候へ共早半年も居候様之心地致しどふか少しも早ク御歸朝之程御周旋可被下候先は得貴意度如此御座候以上

正月廿九日夜　印度海上ニ認

二白折角御加養可被成候御供方一同無事ニ御座候間乍憚御安心可被下候御供方一同よりも宜敷申出候日々肉食ニ而始之程は困申候昨今少しなれ申候得共兎角日本か戀敷キ事ニ御座候以上

○卯六月十日小笠原壹岐守殿宅ゟ家來御呼出之上左之通御書附御渡有之

酒井銈次郎ゟ

カラフト島之儀ニ付別紙之通規則取極申候右は先達而同島之內ゟ領民出稼之儀相達置候趣も有之候ニ付爲心得相達候尤委細之儀は箱館奉行可被談候

六月十日

別紙

カラフト島規則書寫

カラフト島ハ魯西亞と日本との所屬なれハ島中ニ在る兩國人民の間ニ行違ひの生せん事を慮り互ニ永世の懇親を彌堅かせんが爲日本政府ハ右島中山河の形勢に依而境界を議定せん事を望む旨を日本大君殿下の使節ハサンクトヘナニルブルクゟ來りて外國事務役所ゟ告知ありしといへとも魯西亞政府は島上にて境界を定むる事ハ承諾致しがたき趣を

亞細亞局シレクトル役名タイニーリウヱワニク官名スツレモウーホフ人名を
以て報告せり其故の巨細ハ
大君殿下の使節へ陳述せり且魯西亞政府ハ右カラフト島の事ニ付双方
親睦の交際を保ん事を欲し左之存意を述たり

第一條

両國の間ニ在る天然の國界アニワと唱ふる海峡を以て両國の堺と爲し
カラフト全島を魯西亞の所領とすべし

第二條

右島上ニ而方今日本ゟ屬せる漁業等ハ向後共總て是迄之通り其所得と
すべし

第三條

魯西亞所領屬のウルツプを其近傍に在るチルボイイフラツトチルボイ
フローンの三箇の小島と共に日本ゟ讓り全く異論なき日本の所領とす

べし

第四條

右條々承諾難致節はカラフト島ハ是迄之通両國の所領と致置べし

前文の廉々互ニ協同せさるニ付カラフト島ハ是迄之通両國の所領と為シ置キ且両國人民之平和を保たんか為左之條々を假ニ議定せり

第一條

カラフト島ニ於て両國人民の睦敷誠意ニ交るべし万一爭論有歟又ハ不和の事有ハ裁斷ハ其所の双方の司人共ぃ任すべし若其司人ニ而決し難キ事件ハ双方近傍の奉行ニ而裁斷すべし

第二條

両國の所領たる上ハ魯西亞人日本人とも全島往來勝手たるへし且未建物幷ニ國産なき所領摠而産業の爲に用ひさる場所ぃは移住建物等勝手たるへし

第三條

島中の土民は其身に屬せる正當の理幷附屬所持之品々共全ク其身の自由たるへし又土民ハ其ものゝ承諾の上魯西亞人日本人共ニ是を雇ふ事を得べし若日本人又は魯西亞人ゟ土民金銀或は品物にて是迄既ニ借受し歟又は現ニ借をなす事あらハ其もの望の上前以て定めたる期限の間職業或は仕役を以て是を償ふ事を許すへし

第四條

前文魯西亞政府ニ而述たる存意を日本政府ニ而若向後同意し其段告知する時は右ニ付而之談判議定ハ互ニ近傍の奉行江命すべし

第五條

前に掲たる規則ハカラフト島上の双方長官承知の時ゟ施行すへし但調印後六ケ月より遲延すへからず且此規則中ニ擧さる瑣末の事ニ至りてハ都而双方の長官是迄之通取扱ふへし

右證として双方全權委任のもの此假の規則ニ姓名を記し調印セり此に
双方の譯官名判を記したる英文を副たり
日本慶應三年丁卯二月廿五日
即魯暦千八百六十年三月十八日
於北持堡

箱舘奉行（朱書）
小出大和守花押
御目付（朱書）
石川駿河守花押

○佛蘭西都巴里ゟ之書狀寫
正月十一日横濱表出帆同十五日唐土ニ著夫ゟ諸國ニ相渡三月朔日佛蘭
西都領マルセールト申所ニ至著仕候道筋ニ而釋迦如來生死之寺ニも參
詣仕候
同七日右同國巴里ト申所ニ至り此所之盛なる事紙筆ニ難盡先旅籠屋佛
蘭西都家作語〔マヽ〕ニ而カラントホテルト號家作階七階座敷向キ計り七百間

平島新田村瀬厚英と云醫師有之右先代之者田邊忠次郎と江戸江行專學問を好聖堂に出居候處右を手寄喜作何口手筋を求め佛國江相越候よし

有之何れも我朝之疊五十疊位之間ニ而御座候奉公人男女ニ而七百五十人其外勝手掃除致候者ハ何人とも不相分右ニ准し美なる大キなる事御覽察可被下候凡座敷向うつくしき事ハ近きたとへハ名古屋御懸所如來樣之間同樣ニ御座候我等も右之所ニ寢臥仕居候外國人江對し日本之麁服耻入申候右樣之國々故我朝をさけ（す脱カ）み候事尤ニ奉存候巴里之町巾五十間程有之両側を人々通行中道を馬車通行實ニ盛なる事ニ御座候其外花屋敷と申町中ニ五丈位ツヽ上ル吹水所々ニ有之又鳥獸之類珍敷ものはかりニ御座候時候此所ハ日本同樣正月廿日唐國香港と申ところニ而ハ日本之三月頃ニ御座候正月廿四日より二月廿日迄之内唐國之末天竺此邊ニ而ハ日本之土用同樣實ニ數々時候變迷惑仕候扨蒸氣船早き事一日一夜ニ貳百八十里ゟ三百廿里位はしり又蒸氣車と申ハ一時ニ四十七八里ゟ五十里余走り誠ニ両方共早き事驚入申候種々申上度候得共至著ニ付御用多忙且遠路大封之書狀六ヶ敷候間無事之印迄ニ申上候余は後便

と申洩候頓首
尙々折角御厭ひ被遊候樣奉祈上候此頃寫眞仕候間貳枚差送り申候御落
手可被下候以上
三月十八日認　佛蘭西都巴里ニ而
大野喜作
使役
日本尾州鳥ヶ池新田
大野正藏樣
（頭注朱書）平島村住田邊忠治二男五百俵ニ被召出御定使
○江戸書狀七月廿八日著
一異人申立江戸表ホ中存寄之場所ゟ店出シ候儀相濟追々唐物見世出し候
由異國と緣組致シ候儀御聞濟相成既ニ若年寄並川勝備後守ゟ佛蘭西ゟ
妻もらひ候筈ニ引合候旨願も相濟候との事ニ承り申候此川勝佛ミニス
トルゟ申立國事取扱候人は此人ならん尤ゑらものニ相聞申候夫故比日

外國奉行ゟ若年寄並ニ相成候人ニ御座候

七月

○御使番格山崎摠左衛門殿貞曆六一辭世七月廿三日病死

血ぬらすて老やはてなん夷らをきりはふらすて死やはてなむ

植松大人返歌

おとに聞ほの雷と君なりて夷の船をやきはらひてん

四方之夷等踏倒明神と自ら號せし處

植松庄左衛門　改號して

國護活太刀彥

摠右衛門所持之大刀

柄トウ

目貫銀幣鍔メノウ

釼先年求短キ物ノ由

鞘ハ大和竹

日武《本カ》武尊ノ心ヲ取テ拵シナルベシ

病中渡邊鉞次郎見舞ニ地獄の躰を書ク持行汝死後ハ決而地獄江可參ト存認來りしを看スル爲來りしと申けれハ病中ながらヅヽクト起上り予地獄極樂トやらけからハしき所ハ不行天ノ高間原江行神ト成へしと腹立しとそ

葬善篤寺

貞往高原居士

○卯四月紀伊殿建白

今度兵庫之儀追々大樹建言之趣有之候處於彼地一昨年十月御沙汰之次第も有之不容易重大之義ニ付見込之趣言上可仕御沙汰之趣奉畏候右開港之儀ニ付而は先頃大樹ゟも尋ニ有之候處既ニ開港條約敕許被爲在候儀ニ付開鎖之儀ハ今更彼是可申儀ニは無之候得共場所柄ニも有之別而此節柄如何可有之哉と苦心之趣愚存ニ申答候處猶又去月五日從大樹奏　聞之趣ニ而ハ

皇國御爲富强之策略等無余儀事情深察仕候ニ付寂早愚存無之旨再答仕候次第ニ御座候然處今般私共迄　御下問被爲在候御儀乍恐御憂慮之段奉恐察候猶又熟考仕候得は愚昧不才

敕問之重キニ不堪唯々苦心之餘り宿痾を相增而已ニ而右之外別段之見込無御座候尤無腹臟言上仕候樣

御沙汰之儀ニ付大樹ゟ相答候兩度之趣意書別紙相添奉言上候誠恐頓首

百拜謹言

四月　　中納言茂承　イニナシ

別紙　幕府之建白

先達而條約

敕許之節兵庫開港之儀不相成旨被　仰出其後篤と御熟考被成候處右ハ秉而期限も有之今更條約御變更ハ不容易之筋ニ付　皇國之御威信難相

立候間開港　御許容之儀可被　仰立思召候就而ハ見込之趣も有之候ハ
ヽ書面を以早々可申上樣御尋之趣奉畏候就而條約
勅許外國交通之基本相立候儀も有之右港之外も開港可被　仰立御趣意
之段御當然之御儀更ニ愚存無御座候乍併右港之儀は
先帝思召被爲在候儀ニ付
新帝御在憂之折柄此節被　仰立候而ハ海內人心之居合如何可有之哉
皇國御信義之大義ニ付三年不改之常道を以可論ニ而可有之候得とも
御諒闇中期限御延引候共條約御變更と申儀ニは無之候ニ付右等御情合
を以暫時延期之儀御懇諭有之候ハヽ御厚德ニ彼も感服不仕道理ハ有之
間敷其內
新帝御元服御即位之上ニ而被　仰立候ハヽ海內人心彌居合可申內外両
全之策ニ可有之と奉存候尤右邊之儀御熟考
禁闕御守衛等万事御遺策無之上之義と奉存候得共別段御尋ニ付不顧愚

意申上候以上

二月　　　　　　　　　　　　　　紀伊中納言（奏書ニハナシ）

再答

兵庫開港之儀御尋ニ付過日愚存之趣申上候處尙又去ル五日　御奏聞之御書付寫拜見被仰付右御趣意ニ而ハ實ニ無御余義事情と奉恐察御尤之御儀ニ奉存候依之御受申上候

三月

○二本松侯建白

今度兵庫開港之義從大樹被申立候所一昨年十月三港敕許之節於彼地は被差止候　御沙汰之次第も有之不容易重大之義ニ付上京仕見込無腹臟申上候樣　御沙汰之趣奉畏候右ハ皇都近キ御場所ニも有之旁開港御差止之義ハ御尤之御事と奉存候得共一旦定約相結之儀御變更相成候而ハ信義を被失如何樣之御不都合相成

候も難計不得止形勢ニ立至り候樣奉存候間開港　御許容被遊御方と愚考仕候此段所勞ニ付登　京仕兼候間以書取申上候宜敷御執　奏奉願候恐惶謹言

四月廿二日　　丹羽　左京大夫

○佐倉藩歸國物語雜話抄出

堀田相模守家來　串戸五左衛門　鏑木立平　渡邊莊平願濟ニ而丁卯正月發船支那上海江赴キ同四月歸朝之後所話之

一淸國兵乱之後ゟ國内疲弊甚敷して貧民街ニ充滿し無家之民無賴之徒而已多く物價ハ日を遂《逐カ》て騰貴するのミ我國ゟ持渡りたる物產多しといへども價貴しとて買取らんといふ者甚少し刀劍の類ハ世ニ聞ゆる日本刀なれバとて見る事を願ふ者あれども其鋭利なるを嘆美するのミにて買んとする者絶て有る事なし爰ニ於而五左衛門《串戸》等は彼士を遊歷して山川の形勝をも探るべく人物政事の善惡を察せんと思ひし事も遊資の乏

きによりて徒事となり行んも萬里の遠きを冒し來し甲斐なく此事如何ニすべきと思案せしが所詮件の其由を官府に聞へて其意見ニ從ふニしかじとてやがて監税官知縣張秀芝ニ面謁し攜來りし物品買ふ者稀にして遊學の資ニ代るニよしなし貴邦の文物風土を見んとて來りし者が斯て止んも本意なき限りニ相公某等が爲ニ宜き策あらバ敎へ給へと申ければ秀芝も己の思慮にも能ざりければ知府ニ斯と告ぐ知府聞て東洋の學生等吾邦の風土を見んとて來れりと聞からハ是外方の賓客ニ宜く船を裝ひて將官に命じ金陵地方をくまなく遊覽せしむべしと許可せしかバ卽上海ニ屯駐したりける建威將軍浙西海軍總務張國英といふものをして蒸氣江船を以て二月十二日我邦人十人を載て上海を發帆せり此十人の內矢戸喜三郎と云者有り此人先年橫濱ニ在て米人キンキと云者ニ使ハれたりしが頗才氣有て文字ニ通せしかハ遂ニ彼土ニ行て英館ニ寓居し我邦の人彼地に來るものなれバ我が爲ニ周旋してやゝ生活を爲す

者とそ生年三十余歳ニして衣服帽履ハ盡く英國の製を用ひたり金陵の遊覧あるを聞て我邦人ニ請て其群ニ加りたり船揚子江を溯るこれ古の所謂長江なり長江ハ天塹之と古人も言たりけん茫々として涯岸無か如く湖水といはんか其長き事量るへからず海上と云んにハ水ニ鹽氣なく實ニ天下無双の大江なり此日ハ江中ニ日くれて一泊す蒸氣船を以て馳る舟の江中ニ一泊するニ至る其長き事推て知るへし斯て明ル十三日も蒸氣を馳て江を溯るのミ別ニ記すへき事もなし此日も江中ニ泊したり十四日やうやくにして揚州に至る卽今の江寧府にして金陵是なり官吏旅館を點して邦人をやどらしむ盡く彼より費用を辨じて吾より償ふニ及バず金陵の風を察し形勝を見るに流賊の乱ありてより僞英王四《シ》眼《ガン》狗《タ》王といへる劇賊の爲ニ金陵一たび陷られて兵火の爲ニ燒れしかバ瓦礫縱横して佳麗なる事絕てなし鐘山といへるハ金陵第一の巨鎮なれどさしたる高山にも非ず古人のいふ龍蟠虎踞といふも文飾ニ過たりといふ

べし秦淮ハ古へ繁華の地にして妓院軒を並べたりしも今ハ荒廢して見るよしもなく桃葉渡莫愁湖も聞ゆる名勝の地なれども是もさばかりの見所なし雨花臺ハ花を降せしと云傳へたり白鷺洲ハ宋の曹彬が南唐の詩に二水中分白鷺洲と詠たるも此處とそ云傳ふたり唯驚くべきハ金陵の南門なり四重ニ築きてその大なる事何丈と云を知らす大石を疊層する事鐵壁よりも猶かたかるへし斯る門ハ我國抔ニハ夢ニも見難かるへし實ニ無双の奇觀と云べし明の時大祖高皇帝の築かせ給ふ處と云さもあらんか諸物品ハ善良なるもの甚少し上海の外ニあるべしかくて両日爰に遊て十九日再ひ船ニ駕して爰を發し上海ニ立かへる之

○七月十七日認

民部大輔様二月下旬印度海セーロンと申所へ御上陸御一泊被遊候處日本人壹人ニ付旗籠代金八両宛懸り候よし世界萬國とも諸品高價ニて日本程諸物下直之國ハ無之よし西洋ニ而ハ入湯一人ニ付金三分ツヽ懸り

候よし尤湯水とも自由自在ニ掛り浴室の内に捻にて湯水自在ニ出るこ細長き浴室ニて中ニハ新なる白地の布有之垢を洗落し候ニハシヤボンありて両人附添世話いたし候由湯其外不殘壹人々々ニ新規なるよし極叮嚀なるのよし
一湯呑茶碗に砂糖湯一盃ニハ銀九匁のよし日本人ばかり如此高直ニいたし候哉壹ケ年の入用金千両程懸り候よし費用多ニハ困り候よし夫よりシンガホトルゟ御上陸被遊候よし何れも熱國又アーデンと申所へ御上陸被遊アーデンと申ハ赤道の直下ニ而世界第一の熱國ニ而炎熱堪難く沙漠の有所ニ草木不生三ケ年めに雨一度ぐらひ降候よし炎々とくして如燃此所ハ是非御上陸に相成御支度被遊西江海をアフリカ州御上陸被遊陸上を一日六十里ケ間蒸氣車ニて一晝夜に地中海へ御走り被遊候よし夫より三月上旬フランス國大湊と申所へ御著被遊候よし
一四月七日出て來簡著民部大輔樣上下共末旅館ニ被爲入不遠御住所定り可申との御事なり
一山高家來井川元主人外國奉行小出大和守當五月八日横濱著ニ而歸府仕候よし佛蘭西國博覽會ニ而山高石見守ゟ出會いたし候由小出歸府後五月十六日

出立上京六月十六日歸府いたし候由

右小出大和守去年十月十二日横濱出帆寒氣之時節ニ御座候處印度海へ參り候處暖氣ニ而赤道直下を廻り候節ハ十一月帷子を服し候由

十一月廿九日フランス國へ參り候處寒氣甚しく魯西亞國へ著此所ハ至而寒國ニ而嚴寒難凌出る息より入る息の寒く口入へ入寒氣強く困り申候布切を以口を覆ひ候處其布息ニて氷り候よし又眼のマブチ泪ニて氷り眼を閉難儀いたし候由雪中往來ニハ難澁いたし候由

一大和守ゟ供致し候者之旅記有之疎漏ニハ候へとも井川寫し取候由尤皆海上ニて陸地之處計記し候得共珍敷奇々妙々の品抔見來りし由右ハ頃日寫し取可申上候先ハ御慰ニ申上候

一蒸氣車之通所は往來皆銕張ニいたし走候よし川抔ハ両岸より橋を懸候樣ニ銕ニて渡し候由尤大河ハ車ハ參り申間敷候山ハ一里二里位の所は切拔銕を走り候由

右ハ盆前井川參り話しニ御座候委細は後日旅記寫し借用いたし寫取可申上候

一日本横濱より佛蘭西國まて五十日ハ無遲滯著船いたし候由小出抔も往來とも五十日ニて歸府仕候よしニ御座候

七月十七日認

○八月十四日京都おゐて

幕府御目付原市之進一橋樣より御附人當時御役儀を蒙りて幕府おゐてならひなき勢ひにて御老若衆はしめ都而御役人方ミな〳〵威に恐れ此人之一言にハ一句も答ふる者なく心之儘に御政事を取行ふやうにミへにける此度兵庫開港之事なとも專ら市之進了簡より出しと云ひぬらせりしかる所原旅宿ゟ御旗本某両人同道にて罷越され暫御內談申度義御座候間得御〔脱文アルカ〕・度旨申入候處取次之者委細相心得右之趣主人市之進ゟ申聞候處只今髮月代中之儀ニ付乍失敬暫御扣被成下候旨申聞候

哉否直様市之進居間ニ押通り及傷ニおよび市之進首掻取其旅宿を立退
當時御月番御老中板倉伊賀守殿御旅宿ニ相越右之始末を申述市之進首級
ニ建白壹封相添取次を以差出し置銘々宿陣ニ引取壹人ハ直様切腹致さ
れ候よし外壹人ハ如何致され候哉一説ニ切腹仕送れしを市之進家來之
者馳來り主人の敵と打込しが請ながし暫時かうちハ打合しか一念勝れ
し哉とふ〳〵主人の敵を討あふせ首かき切市之進宿陣ニ歸りしと云云

寄田雄太郎高守

闇の夜の死手の山路にかゝる共踏まよハしな日本の道

鈴木恒太郎

二荒の神の御心しつめんと朝な夕なの心つくしを

同人弟豊太郎

（朱書）原市之進兼而京定詰被　抑付有之家內濱松宿迄來り居候處右騷動早打
を以申遣直様妻も早追ニ而宮驛通行せりと聞り

○八月七日出江戸書狀拔書

一御内々申上候江戸四街道出口關門解申候

右は夷人ゟ申上候よし箱根其外御關所も手輕ク相成候よし婦人武器類通行斷にて濟候よし

一夷人馬上白及《ホコ》を

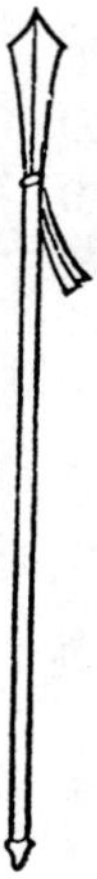

赤

白

曲輪内通行いたし候由

公門ハ御番人下座制詞いたし候由

一夷人「ミニストル《フランス》」若年寄上座と申候御府内所々ニ夷人館出來いたし候海岸ニ出來誠ニ歎息之次第なり

一若年寄ハ當時元高百俵位の幕士なり四五人も有之哉

○八月本町通九町目笹宗眞向へ元本久の居宅當時荒物商賣子僧生所橋町芝居懸り立前廣と云者の悴の由或夜

外小僧と居寐し處夜中のうちに不殘天窓の髪挾拾坊主となせし由不思義の事之切支丹の業なるべしと評高し

○廿四日夜丑之刻比前津清浄寺裏石河侯家中屋敷之内菊地何某壹軒焼失

○廿五日熱田西濱御殿へ被為入夫ゟ昨日ハ新田邊へ御廻被遊候事 出御辰貳分 御供五味織江 歸御酉九分

○廿八日久し振又珍ら敷日之

戊申　閉　社日　天赦往亡

○廿八日朝若宮前西側佛師京屋　軒へ左之御牘降シ由

太神宮外宮本社

店ニ餝有之

降し由ニ而通り筋にて笧を焼青竹貳本立注連を張大ニ群集せし之

○八月十六日夜東御門外升形御門續キ東御土居貳本目之大松根抜に根大ニ朽損スたおれ南へ付し御高塀三間余崩る大松先

御番所屋根の上ゟ來るされど損し無之

○七月

大目付瀧川播磨守より稻葉美濃守殿被申渡諸向ゟ相達候由ニ而　御城附ゟ相達候

書付寫

近年街道筋旅行も多く其上

御上洛御供其外御警衛等交代之輩通行も不少宿驛疲弊之折柄ニ付通行之面々も人馬繼方宿驛取扱方等諸事勘辨を加へ可申處下々ニ至候而ハ心得違聊之儀ニも宿役人等ゟ事六ヶ敷申談手荒之儀も有之哉ニ相聞如何之事ニ候以後右樣之儀無之樣急度可申付候若宿役人等不埒之筋も有之候ハヽ其筋ニおゐて相糺ニ而可有之候間其段頭々又は主人々々より可申立候

右之趣万石以下之面々ゟ可被達候事

七月

○近國人筆記

六月五日彦根來簡曰先年來京師本國寺在住之水藩人去月下旬百人許西國ㇸ脱走仕候由書置之趣意は今將軍年來攘夷之志を變し盛ニ開港を唱先烈公の遺志を忘却被致遺憾無限此上ハ百方逐我志之外無之とて和歌二首相添有之由因備之内ㇸ參候哉承及候定而御聞及も被爲在候得共小生おゐてハ一両日前承り申候共元來

△大坂在渡部村之穢多共此度　幕府ㇸ歎願書差出申候由其趣意ハ右穢多神功后宮三幹《マヽ》御征伐之砌從卒之役ニ而於彼地肉食之味を覺歸朝之後も不能止肉食を相用申ニ付　神國之穢者とて穢多と被命一切不淨之物を取扱可申樣成來有之同皇國之民にして歎ヶ敷次第御座候就而ハ近來外夷渡來所々御開港も有

或曰此穢多ニ五種有蒙古より生捕たる種も有と

之其上高貴の御方ニも專ら肉食有之哉ニ傳承仕候得は何分にも御憐愍を被爲垂穢多之二字御除キ被下置候ハヽ生々世々難有仕合奉存旨願出候由右は土州之尻押ニ而出來候義と承り及申候

此節近國之願家僧天主敎を討候書著述仕斥邪漫筆と題し有之唯今製本最中ニ有之入手次第入貴覧可申と有合せ天敎問答一册僅之小册ニ候得共同派之作ニ御座候御一覧奉希候

△卯年五月下旬京師長防御征伐之高札おり候付京師之市人兼而長州贔負有之旁最早太平ニ相成米も下落可致と大悦不斜各信仰之神社佛閣に參詣いたし候由

案愚と謂ふへし長防御征伐不被爲行屆候公義御威光衰候之公義御威光衰へ諸大名割據の勢ニ至り候時ハ乱の基之然ニ是より泰平と心得候ハ大ニ非ならん是ハ愚昧の下賤を誑惑さするの徒充滿してかゝる人機ニせし事可憎之

△此比藤本鋏石來三梅八郎梁川星岩松本圭堂浮田一蕙等之書畫を賞美いたし候人多く至而高價相成候右は何れも　公邊ゟ御仕置ニ相成候然ルを賞美するハ甚如何歟事ニあらすや如此人ハやはり反心あるか如し予か家ニも一二幅有速ニ沽却せり

〇丁卯四月

藝州侯建白

今般兵庫港開鎖之儀ニ付従
天朝御奏聞書御垂示蒙御下問候處外國之事件御往復之曲折等詳知不仕候而は得失利害之著相立兼候へ共何分近々
先朝御沙汰之次第輙く御變換可相成筋ニ無之候は勿論之事ニ有之且外
國には御信義相立候共
皇國内之紛擾を醸し候而は無詮之儀既ニ近年河内洶々變故百出東ニ筑波太平山等之擧動西ニ長防之事件差發其原由を推察仕候ニ天下人心

天幕之御二本を疑ひ
詔敕ニ眞僞之名を生し候より之儀ニ有之兼而長防之義ニ付而も申上候通事既ニ今日ニ至候而は只管更始治本之御大策被爲立
天幕御一致物情和同之上ならてハ何事も難被行と奉存候乍憚御繼業以來間々御更張之御事蹟も相伺追々御推擴ニ相成候而天下中興之口德澤ニ浴し可申と欣躍仰望仕候折柄右再度之御奏聞書拜見仕候而不覺驚愕仕候抑開鎖之二端は不容易長大之事件ニ有之其上
天幕之御離合は忽チ人心之向背ニ關係仕候儀ニ而第一御名分御條理不明ニ相成一致和同之御基本不相立候而ハ開鎖ハ何レニ仕候共理勢得失ハ兎も角も平穩被相行候義とハ不奉存候假令
御奏聞通開港
敕許ニ相成候共只今之御次第ニ而は
朝廷を御脅制被爲成候樣ニ物議を生し約ニ不可言之禍言之引起折角無

事平穏之御主意水之泡と相解富強充實之
思召も影滅可仕哉と不堪過慮何分ニも御名分御條理瞭然明白上下交受
之場合ニ至候樣深く御注意被爲在候而ハ開鎖而已ならず於御大政も多
分之滯碍御不都合之次第ニ可押移歟と杞憂之至候ニ付不顧僣越上言仕
候恐々敬白

四月　安藝

○阿波侯建白

兵庫開港之儀ニ付見込之趣　御下問相蒙り奉謹畏候淺慮短才白上可仕
臆見之儀も無之尤右港之儀ハ
先帝深く被爲惱
叡慮既ニ三港
勅許之砌ニ
叡旨も奉伺罷在候得共宇內之變更彼是熟考仕候而は　大樹建白之件々

全く時勢ニ應し候術策此外ニ出申間敷と奉存候何分ニも
皇不朽之御基本被爲立候樣奉冀願候餘ハ申上候義無之仍之愚意如此御
座候恐々頓首敬白

四月十五日　齊裕

案ニ右之御建白乍恐至當之御説と奉存候開港之上ハ兎角御仁政御施
被遊天下之仁心歸服可仕候樣之御工夫可然是則不朽之御基本と奉存
候

○上杉侯御建白

皇國之大事件通明之眼力も無御座候得共御答深く辭避仕候而は却而多
罪之筋ニも相當り候儀ニ付不顧不肖鄙見疎述候抑兵庫之儀は
皇國咽喉近畿之要津ニ有之万一夷人騷擾之變を相釀奉惱
宸襟候も難計民心一同懷不安候場合ニも有之且先年同所開港之條約は
敕許も無御座候內

幕府役人自己之取計を以取結候趣ニ付昨年式部大輔在京中
幕府ゟ右港開港之可否尋問ニ預り候節ハ右之趣を以相斷可然段申立置
候得共此度御渡被成候御両通ニ而乍不及熟考仕候ニ
幕府建言之儀は宇内之形勢を深察し當時之情態ハ明知仕候義ニ付左ニ
も可有之且一旦取結候條約を變更仕候而ハ諸夷沸騰强而義理曲直之不
當ニ行渡り終ニ爭端を發し候ニも立至り生靈塗炭之苦ニ陷り候義難計
一度ハ
皇國全洲之兵力を以膺懲之典被擧行候共所憂孤島環海之御國柄ニ而洋
船東西南北ニ出役仕候而殆寧歳無之
皇國御威信ニも差響不容易場合ニ押移可申哉と奉存候且又三港既ニ御
差開ニ相成一港御差塞と申義ニ而ハ自ら
皇國之弱劣之筋を御示之姿ニ隱然と相見却而彼か輕侮を相招候一端ニ
も有之候間御斷然と御差許廣大之御度量を御開キ御所置振彼か意表ニ

出候ハヽ御威信凛然と相立諸侯永久奉感戴敖慢不遜之非行無之際を立而信義を堅固ニ相守萬々世跳梁之患有之間敷と奉存候尤以兵庫之儀幾旬切迫之儀ニ付不虞之御警備も嚴重
幕府ゟ被　仰付可然候儀と奉存候前件申上候通完劣聞淺見之拙臣ニ御座候得は假令御採用無御座候共聊遺憾無御座此上御講究被成下候樣伏而奉万禱候誠恐誠惶謹言
四月十一日　上杉
案ニ此建白實ニ御妙説諸侯中第一之御卓論ニ而能事情を御諒説被爲在候御事と奉感服候且夫永井雅樂之確説ニ彷彿たる御氣も有斯の如キ御建白こそ御忠言と奉存候

○肥前侯建白

今度兵庫開港之儀ニ付早々上京見込之儀無伏臓言上仕候樣但所勞ニ而隙取候ハヽ先書取を以當月中ニ言上候樣　御沙汰之趣奉畏候就而は早

速上京別紙之通言上可仕之處先般ゟ申上候通之病氣于今不得清快近來は尚更時候ニ相障り急速之上京何分不任心底候間誠以恐縮之至御座候へ共別紙書取申上候義ニ御座候以上

四月　　　　　　　　　　　　　　　　　　　肥前

今般開港之儀別紙之趣從大樹建白候然處一昨年十月三港

勅許之節於彼所は被止候

御沙汰も有之不容易重大之儀ニ付見込之趣無伏臓言上候樣

御沙汰之趣奉畏候於先度三港

勅許之節於兵庫ハ被止候

御沙汰之旨極而深遠之

叡慮被爲在候御儀と奉恐察候右ニ付此度別紙建言之趣是又無餘義事歟と奉存候付而は見込之次第ゟ御座候へは則言上可仕義ニ御座候へ共素ゟ陋寄無識殊ニ大病後猶更精神衰耗仕中々以如此大事件抔更ニ考白候

儀も無御座候乍恐孰れニも篤と被爲盡
朝議至當之御所置被爲在度奉存候此段奉申上候以上
四月

○備前侯建白

私儀今般依徵早々上京見込之趣言上可仕筈御座候處御期限も被爲在候御儀ニ付先書取を以言上仕候且又近年度々上京仕國力疲弊仕甚以苦心罷在候折節此節上京仕候而も右書取之外更ニ言上仕候義無御座候間何共恐入候へ共格別之御憐愍を以此度上京之儀暫御宥免只管奉願上候此段程能御執　奏奉希候以上

四月晦日　　　　備前少將

日野大納言殿
飛鳥井中〔マヽ〕將殿

今般兵庫開港之儀ニ付從大樹及建言候處不容易重大之御事件ニ付見込

之趣無腹臓言上可仕旨奉畏候茂政不肖之身を以浪ニ奉議大政候段奉恐
入候得共奉蒙御下問候付謹而愚考仕候處一昨丑冬夷船攝海江渡來之節
幕府ゟ願立條約
敕許相濟候得共兵庫之儀は被止との
御沙汰被爲在於大樹も謹而遵奉有之儀ニ付諸口及談判拒絶相成申候儀
ニ存込候處今般大樹ゟ建言之趣ニ而ハ其儘打過居申候不得止之情實も
可有之候得共被爲對
先朝候而も御許容難被遊との御趣意至當之儀と奉存候
抑癸丑外夷入港以來被爲惱
宸襟一旦掃攘之
敕詔迄相下候得共施行不相成其後鎖港之儀於幕府　御請申上是亦不被
行追々時勢變換既ニ條約
敕許ニ相成候事於　御國體如何と奉慨歎候得共猶

御國體御辱不被遊との
叡慮ハ確乎御變動無之御儀と奉存居候折柄恐多も
御登遐ニ相成陵土未乾唯今兵庫開港
御許容相成候而は乍恐
御遺業御繼述之御本意ニ被爲背於御孝道如何可被爲在と奉存候且攝海
は
皇國樞要之港
帝都至近之地一旦彼之根據と相成候時ハ扼吭拆背之勢漸々
闕下ニ迫り無饜之求不可拒絶之御場合ニ立至り候事ハ必然之儀將又夷
情難測自然呑噬を逞するニ至り候而は最早御押禦之道相窮可申候實ニ
帝都之御危殆無此上御儀と奉存候間禍害を未然ニ御防被成候ハ今日ニ
有之候樣奉存候就而は今度　幕府ゟ一旦取結候條約相變候は信を万國
ニ失ひ候而已ニ而所詮難被行儀ニ無之との申立ニハ候得共

朝廷おゐて外國條約之儀は一昨年初而
御許容相成其節兵庫は被止との御事故今更條約變更と申譯ハ決而無之
樣奉存候間是等之事情誠實及示談候時ハ彼實ニ信義を重んし候者ニ候
得は却而承伏可仕哉此段幕府ゟ被仰諭度奉存候乍然兵庫相開候上屹度
御國威相立彼か凌辱を不被爲請諸蠻を御制服被爲遊候御先見被爲在候
ハヽ固ゟ異議可仕譯は無之候得共何樣ニも
皇國御安危之界篤と衆議御參考被爲在乍恐御遺算無之樣不堪至願奉存
候
右管見之趣任御垂問不顧恐懼奉陳述候右之外更ニ見込も無御座候誠恐
誠惶頓首謹言
四月　備前少將
○肥後侯建白
今般開港之儀大樹ゟ言上之處一昨年十月三港

敕許之節兵庫港之儀ハ被止候　御沙汰之次第も有之不容易儀ニ付早々
上京見込之趣無伏臟言上仕候樣御書付之趣奉得其意候私儀持病之疝癪
強ク長途之旅行無覺束養子細川澄之助儀爲名代差出可申段は御屆申上
候通ニ付同人出京之上可申上筈ニ御座候得共御期限も有之候儀ニ付先
書取を以左ニ言上仕候根元兵庫は
帝都不遠所柄之義ニ御座候間素ゟ開港ハ如何ニ候へ共幕府おゐてハ年
來洋夷之情狀宇內之形勢等深く洞察有之殊ニ外國ニ對し一旦條約取結
之上今更及破談候而は信義難相立所ゟ是迄內輪之不行屆ハ大樹一身ニ
引受御斷申上候而之歎願之筋と相見候得共乍恐朝廷おゐても大小輕重
得と御參酌
天幕御一致可被爲在御決定彌以軍國之手當ニ差入萬事公平之政道を以
各國を壓倒いたし候程之御國體有御座儀と奉存候普通之管見ニは御座
候得共見込之趣任御尋申上試候誠恐誠惶頓首百拜

不可救之今日年來之御失躰其他都而□して過言不可許己等失躰なきや明白至當なりや尤可憎

四月　細川越中守

○越薩土宇建白貳通

天下之大政公明正大之理を盡し時勢的當内外緩急之辨を明ニし御施行無御座候而は難被行儀は勿論ニ候全躰不可救之今日ニ推窮仕候得ハ乍憚幕府年來之御失體ゟ釀出し候内殊ニ防長御再討之御一擧より物議沸騰天下離反之姿ニ相成候次第ニ御座候仍之明白至當之筋を以防長御所置可爲急務兵庫開港防長事件ハ寛急先後之順序有之段談合之上屢々建言仕候儀ニ而篤と退考仕候處右區別を以曲直當否分被爲立御反正之儀顯るゝと不顯とニ相抱《マヽ》候事ニ付虚心を以御反察被爲在候樣奉願候二件
朝廷可被合奏　拜參候共
皇國之安危ニ關係仕候ニ付是非至公至大之道を以私權を被抜治久之大策被爲立候樣有御座度重大之事柄難默止再考之趣言上仕候誠惶敬白

五月廿三日　越薩土宇和島

△其貳

兵庫開港防長御所置之二件は當時不容易御大事と奉存候全躰幕府防長再討之妄擧無名之師を動し兵威を以壓倒可致心組ニ候處全ク奏功ニ不至天下之騷乱を引出し候次第故各藩人心離反物議相起候時宜ニ御座候就而ハ即今被爲立基本候急務公明正大之御所置を以天下ニ不被爲施候而は一圓治り不相附候防長之儀は大膳父子官位復舊平常之　御沙汰ニ相成幕府反正之實跡相立候義第一と相心得申候間判然明白實跡相顯候上天下人心始而安堵仕候へハ第二兵庫開港時務相當之御所置被爲在順序を得可申と乍而勘考仕候先般蒙　御下問候得共未一同勅問對答不仕内前文二件順序區別を以幕府ゟ屢々申出置申候然處一昨廿四日防長之義は御寛大之御所置可取計兵庫開港之儀ハ當節上京之四藩も同樣申上候間誠ニ不被爲得止　御差許ニ相成候云々　御沙汰ニ御書付拜見仕實以意外之次第不堪驚愕之仕合御座候從

朝廷御沙汰之儀容易可申上筋ニ無之甚恐懼之至奉存候へ共
皇國重大之事件事實相違之儀默止罷在候場合ニ無御座候間不得止一應
奉伺候以上

五月廿六日

越薩士宇

案ニ越薩先年不和之所何時之間同腹ニ被相成候哉何分
幕府ゟ奉對失敬過言切齒之至ニ候或曰清國ハ大國なれ共開港之場所
多分ハ無之樣子之然ルニ日本三港之外ニも所々開港御條約も有之い
かにも多キニ過る樣ニ被存候宬初御條約ニ相成候事何共致方無之候
三港幷ニ兵庫等ニ軍卒三千人餘も常住する時ハ萬一彼か變を生し候
時防禦甚難ク被存候彼ノ耕雲齋か千人餘之人數ニ而押來るさへも防
きかたし然ニ外國人上陸三千なとの人數押來り小銃齊發候時ハ如何
ニも六ケ敷被存候故ニ國內一致防禦之御備專一ニ奉存候方今西國諸
侯

幕府を蔑視被致往々不敬過言等有之是吾國乱之基ゝ皆共々諸侯方
台命を重んし御下知ニ御従ひ被成候ハヽ天下泰平ならん

右七葉近國人筆記寫之

謄寫氏案ニ四侯御休息おゐて
御目見御料理御茶御菓子頂戴且越前之老侯ニは先達而以來折々登
營御直談有且敕許ハ五月廿四日成しニ土佐老侯ニハ廿六日登
營ありて鰹節二百本献上其節
御手自御差之御短刀を給り翌廿七日國許に發足之由　御沙汰書ニ見
へたり且風説ニハ尤未詳此老侯長州興丸同道ニ而上京在よしをもいへ
ども右　御參內其夜
還御なく御議論むつかしく事ハ確たれ共壹岐殿其落著を待ずして御
軍艦ニ而其曉東下り有しハ大凡其なりゆき決定せしか故なる事鏡ニ
懸て見るが如し然上ハ此四侯素ゟ當節異論なしといへ共各自其下ニ

激徒あるへけれハそれらか爲ニかゝる書面を出されハ治り付かたき
か故かと思ハる當節各本心と言と反せる珍らしからすと見へたり

○丁卯十月十日新撰組に被　仰渡候格式左之通

見廻り組與頭格　隊長　近藤勇
同　肝煎格　副長　土方歳三
見廻り組格　助勤　沖田總司
右同斷　同　長倉新八
右同斷　同　原田左之助
右同斷　同　井上新太郎
右同斷　同　山崎蒸
右同斷　同　緒方俊太郎
見廻組並　茨木司
右同斷　村上清

右同斷　吉村貫一郎
右同斷　安藤主計
右同斷　大石桑次郎
右同斷　近藤周平
捴組不殘見廻組御抱御雇入被　仰付候
卯六月
右之通被　仰付候處局中異論沸騰今更格式請候而は是迄之趣意ニ悖可
申候同十二日脱局之銘々
茨木司
佐野七五三介
會津侯御役邸ニ而十四日愼屑服〔屠腹カ〕致し候
右同斷
追放　岡田克見

同　中村三彌
同　富川十郎
同　中村五郎
同　木幡勝之進
同　松本俊藏
同　高野良右衛門
同　松本主税

同十三日右之面々會津矦ゟ罷出公用人小野權之丞幷ニ諏訪常吉を以願立候口上趣意手扣

乍恐拙者共儀は先年來
勤天攘夷ニ付盡忠報國之志ヲ遂度一途ニ而本國ヲ脱走シ是迄新撰組ゟ依賴罷出候後差たる　御奉公も不仕時勢柄トハ乍申追々
御國體變遷隨而今般莫太之御格式被下置候段難有感銘仕候得共寸功

も無御座候而則被
仰出候ヲ其儘御請仕候而は何共恐縮之至將却而一念之程透徹不仕義も歎ヶ舗今更御格式頂戴仕候而は夫々本藩江も無面目二君勤仕候儀も難遁候仍之離局仕度奉恐入候得共御支配之御儀ニも御座候間何卒隊長右之趣被
仰渡無異義願之通被
仰付被下候樣泣血奉歎願候以上

卯六月

丁卯六月十二日新撰組同志之内九人申合脫局致し候其元由と申候は元來新撰組ハ五ヶ年已前ゟ上京いたし居候其初一念ハ
勤王攘夷ヲ主張候より之儀ニ付屯集候處此度當六月五日之克《マヽ》ニ候御預
會津侯江一同被爲　召身分之定被
仰付候得共同十日迄不相定漸十日決定致し先隊長副長始メ勤居候皆新

古之差別なく別帋之通決著仕候處ゟ段々との儀論沸騰致し脱局候事ニ御座候然ル處御預り之廉を以會津侯出願之次第御聞届ケ不相成却而御理解ニ相成其上隊長副長會津侯御役邸ニ被爲　召九人之同志ヲ議論有之尤論談ハ勝候得共理談ニ負ケ不得止歸局致し候樣相成候處ゟ四人之同志少之内談仕儀御座候間暫時猶豫ヲ願一間次ニ立入何之音も無之ニ付島田魁ト申人其間ニ立入候處四人共見事ニ屠腹致し其上咽喉ヲ鍔元迄突こミ俯伏ニ而言切致し居候樣子見屆隊副両長ニ爲知候ニ付皆々驚直ニ欠付候得共無詮事ニ而屯所ニ引取手筈致居候内ニ不思義成事ニ御座候調役大石桑次郎と申人其間ニ立入皆々ニ差圖致し引取候支度致し候ニ佐野氏死骸之前ニ安座被致候ニ死骸ムツクト起上り我咽ヲ突通居候差添拔取大石ニ切付大石ハ左之方ニ居りなから除ケ候得共右之小額ゟ首筋ニ伐込前ニ引力ニ而右之太股五六寸計伐り躰ハ其儘最俯臥にたおれしニ付皆亦々驚眞〔マヽ〕致し脇差ハ其儘投出し有之銘々ニハ脇差拔横腹

等突候得共蒲團抔ヲ指通候様ニ而何之手筈無之趣ニ御座候夫ゟ四人共駕ニ押込候處死骸前ニたをれ候ニ付縄を掛ケ駕之後へ結付有之三人ハ何事も無之佐野氏縄ヲ懸候砌ハ縄ヲ口ニくハへかみ候趣皆々又々驚眞《マヽ》致し候両長計ニ而其儘屯所歸しは夜の八ツ時過ニ御座候夫ゟ局中揔送りニ而十五日明七ツ半時比葬式ニ相成申候

但大石氏ニは平常ゟ余程意恨も有之哉ニ被存候毎々《イニ段々》と咄しも御座候由淺手ニハ候得共恨の一刀余程六ケ鋪様子ニ承り申候事

土葬にて神道取置法號ハ無之付

慶應三丁卯六月十四日

俗名　佐野七五三介源重之ト印

有之候寺ハ京都綾小路大宮通西ヱ入北側

浄土宗　光　縁　寺

余談種々御座候得共後便も御座候と申殘し候若も御上京被遊候事も御

座候ハヽ拙宅御尋可被下候

京都西六條御境内
西中筋魚ノ棚下ル町　和泉屋傳吉

○丁卯六月下旬一時ニ數通著
　箱舘在住之子ゟ之來簡拔萃

御双親様
御両兄様　　　　池田澂三郎
房吉様

當地も食物騒ニ而鎮臺始大心配防長之事件も不相分日々粥をすゝり勉學罷在申候先便も申上候通八月下旬より堀達之助方ニ日々通ひ稽古いたし昨今ニ至候而ハ文法書輪講も一ト通相濟四百有余枚之地理書も五分之四讀盡し日々二三枚ツヽ先生之前にて素讀いたし當節ハ盲人の杖ニ而索り々々歩行候様なる譯ニ而何分捗取不申不日ニ洋學校も御取開ニも可相成ニ付其上ハ少しハ捗取候様ニも可相成僅七八丁之所ニハ候

へ共二更後雪中往復咫尺不分難澁いたし居候就中十一月九日夜ハ稀成大雪ニ而黄昏ゟ降出し二更半比歸宅之砌ハ三尺餘も降積り往來成兼候位ニ御座候是等ハ老人も稀と申候此時節外在住之向ハ新式調練ニ出貳人ロッヽ頂戴いたし居小生ハ日々寐食をも相省勉强いたし候ニ付而も諸色之高價ニ而燈油一升貳貫文位ニ而今夜四更迄ッヽの油料ニも差支申候併右等之義も僅之事ニ而或人ゟ承候ヘハ英學校助教之義堀先生ゟ申立有之由をも申吳候付右を樂ミニ勤學仕候來正月中旬迄之飯米ハ拜借いたし居候付さしたる難澁ハ無御座候英算術書獨見いたし居候處和算杯と違ひ都而割出シ方も微細ニ而奇零算ニ至てハ面倒至極之物ニ御座候測量術丈之算術ハ凡心得居候故ニ無理無躰ニ素讀いたし候ものヽ微細の論ニハ込り入申候當所にても三本舶歟蒸氣船歟之內御製造之積りニ而當節積り中ニ而來陽ハ手初ニも可相成右ニ付而も航海學造舶學不心得候而ハ其基を失ひ候付何れニも洋書獨見相叶候上ハ海軍へ付候

學術を充分研究いたし度存候内乱外憂ニ付而も此時勢ニ至る上ハ海軍を第一ニ心得候方順序ニも相叶可申歟御國ニ而も最早洋風と治定いたし盛ニ相成候哉神力丸の後追々御出來航海客《マヽ》も數多出來候哉當地ニ而も追々盛ニ相成候而も中折れいたし黄金之故ニ思ふ樣ニは不行屆御膝元の眞似も出來不申候當春北城《マヽ》一件其後ハ如何相成候哉一旦捕ハれ相成候者何れも歸國いたし候へとも今以何之沙汰も無之何れも出勤いたし居申候小出和州箱館組頭橋本悌藏其外魯國ゟ之御使首尾相整候樣いたし度何分此方ニ而平常因循之御所置ニ付思ふ儘ニハ相成間敷と噂ニ御座候〇來年兵庫御開港ハ如何候哉當地在留之外國人息込ハ是非共と申居仕入品之手配等も致居申候〇朱唐紙少々御廻し被下度候當地ニハ更ニ無之不審紙ニ差支候間奉願候美濃紙一帖壹朱余半紙一帖御國之半帖百貳三十文手拭壹筋壹朱余諸色ハ騰貴遊女等ハ前々之直段ニ而不景氣ニ付内々ニ而ハ三割もまけ候而も賣候由藝者なとも中々花なと與ふる客

ハ希之由ニ御座候
十一月廿四日丙寅
其二丙寅十二月二日附
昨朔日御呼出し今二日罷出候處左之通
申渡
在住
池田潑　郎
箱館學問所
洋學世話役
右兵庫頭殿ゟ伺之上申渡
右之通組頭山村惣三郎方被申渡誠ニ以難有仕合奉存候且口達ニ而教授
職之義ハ堀達之助ゟ兼勤被
仰付候へ共同人事ハ御用多ニ付終日出勤も無之事ニ付學生取締等も厚
く心懸候樣猶洋學之義ハ余學共違ひ小兒等ハ別而不勉强勝ニ付面倒ニ

は可有之候得共分而心を用ひ讀書致し遣候樣演達有之來ル六日學校御開ニ付規則其外俄然今日ゟ取調相成申候御手當向之義ハ堀先生ゟ外在住小隊入貳人ロッヽ被下候事も書添洋學は別段御手當等も無之候而ハ不相叶旨段々申立置候付多分之御手當も可有之候間何レニも勉學いたし候樣被申聞候漢學も同樣御開相成在住之内ゟ両人敎授職被　仰付候洋學方ハ堀先生敎授懸り通辨官之者三人通辨敎導被　仰付幷小生世話役被　仰付而已ニ而洋學之方ハ外人ハ兼勤ニ付晝後毎日小生壹人ニ而取締等も心得居候譯ニ而未熟之私迚も不行屆旨辭退仕候得共御取揚無御座其内相懸り之者可被　仰付間暫之内先壹人ニ而相勤候樣ニとの事ニ而重々奉恐入候へ共御請申上候此上は如何樣ニも活計之道も可相立間御安心可被下候未熟之私ニハ餘り早過跡淩之樣ニ相成申候扨當年ハ如何成氣候ニ候哉先月廿六七日比ゟ晦日迄ハ十五六度之嚴寒之處入寒ゟ却而温氣相成昨今ハ三十五六度ニ昇進し僅一日中ニ夏之差相成昨夜

ゟ春雨の如く降續路次ハ鏡の上ニ水を流し候如く廻勤之難澁申計無御座候學校開ニは鎮臺御出張と心得候付右節ハ乍不及も地球揔論を講し候積御座候來春ニ至り天象測量洋算等も相開候心得ニ御座候一時ニ繁務相成候付先ハ御吹聽迄奉申上候尙來陽委曲可申上早々已上

十二月二日夜丙寅

其三寒見舞端書

彌當地ハ諸色騰貴就中米ハ三ヶ月前ゟ商米無之町々ニ而ハ人別相改壹人ニ付玄米一日貳合五夕ツヽ一升壹朱に而御拂被下役々を初私共迄も人數ニ應し一日一人三合ツヽ之割合ニ而拜借米いたし消光罷在候次第ニ而市中密商米有之候へ共是等ハ四斗俵ニ而六圓位ニ而貧民如何共致方無之過日津輕越後邊ゟ役々相越夫々買入方手配いたし候へ共此節柄之義ニ付何れニ而も多分之輸出ハ不出殊ニ寒中運送等も不自由ニ而果敢々々敷譯ニも無之外國人も先々月支那上海香港等ゟ米買入として相

越居候付右等を日々相待居申候何分雪中航海難澁の土地へ聊之貯米も無御座蝦夷地唐太等も同様之由御座候御地なとハ何程高價ニ而も米穀潤澤之地ニ付差支も無之候へ共當地ハ魚漁を主といたし候國故輸入米無之節ハ毎々右之譯ニ付是非共粮米貯之策不致候而ハ永續ハ無覺束右之通輸入米無之候而輸出物も同様捌方差支黄白不融通小給之向別而必至窮迫仕候右ニ付而も航海之術廣く被行不申候而ハ行届間敷長崎箱館支那上海と交信組合相談中ニ御座候右之通不競氣之中ニ上海邊ゟ昆布買入として外國船數艘入津いたし當年ハ百石目ニ付五百両ゟ六百両迄ニ而昨年ゟハ百両余高價ニ相成小生函府著之比ハ百両ゟ百五十両位之ものニ候ひし鮭ハ昨年百石目四千本六百両位之處當年は五百両余ニ下落いたし候當六月出之崎陽來簡ニ同所も白米壹升貳朱位之處上海ゟ輸入米有之一時ニ五百文位ニいたし候旨申來候外國人之噂ニも五百文位ならハ函府ゟ積來候共相應之利益有之由申居候當年之如く當所米乏少相

成候ハ盆後両度大火有之市中三分一燒失右ニ付富家ゟ貯米を以施し候付當節ハ有德之者も飯米有哉ナシにて素ゟ余計の圍穀ハ無之旣ニ御扶持方ニ迄も不足いたし居候處に津輕地ゟ二千石程輸入有之直樣御買相成士農工商に御割渡し相成申候右等之次第ニ付餅搗なとハ相休候事ニ付寂莫たる越年ニ御座候

其四　丁卯三月望日附

逐日暖和相催候處――早春來御左右可奉窺之處實ハ吉左右を加へ可申上と日々相待候内隣家佐分利泰助家内出府いたし候付右ニ托し申上候先便申上候通舊職未熟なから洋學校御取建ニ付世話役をも被命武之方ニハ小隊入相成候得は貳口ッヽ被下候付無論二口ニは有附候積之處折惡敷役扶持手當扶持等ハ百俵三十五石ニ付貳百金之石代ニ相成右ニ付在住其外之手當扶持等も江戸調ニ相成候付何等之沙汰もなく今以一日壹匁之手當而已ニ而相勤罷在申候右之次第ニ付物價騰貴之折柄學業

を欠内職仕候共糊口の策不相立候付無是非舊臘中世話役ハ勿論在仕迄も　御免相願堀先生之學僕と變身して修行致し候ハヽ數十人之教導も不致却而閑暇も出來糊口の憂無之候ニ付右等之談判ニも及ひ既ニ願書迄も差出候處在住頭取幷調役之内壹人打寄内談ニ而當節　御免相成候而ハ昨今御取建之學校一時ニ不都合出來且是迄小給なからも多年之御厚恩も有之一時糊口ニ差支候迚只今御暇相願候場合ニも不至候間來早春ニは兎も角も糊口の策も可有之夫迄之處右貳人と堀先生ニ而都而引請世話可致條修行而已いたし候樣との事ニ而昨今ハ堀先生之用人代り學校世話兼勤いたし同家ニ而口糊罷在候尤先生より教授懸り助ニ昇進之儀先月ゟ申立有之近々鎭臺前ニ而素讀講義反譯共文法書地理書見分試も有之筈ニ治定いたし候間當月中ニは飯米ニも有付可申哉と日々相待居夫故大延引相成申候當節ハ稽古人三十人餘素讀教導いたし晝後洋算同樣ニ而夕刻ゟ二更迄地理書輪講月六才會話書六才文會六才有之右之閑暇

ニハ輪講之下讀いたし候ニ付兎角先進之學業間合僅ニ而殆當惑罷在候文會之度毎僅ッヽいたし候反譯寫入御覧申候此節ハ窮理書算術書素讀仕候當地ハ前文之如く學校ハ相立候得共役々ハ兎角俗事を申立稽古人ハ童子而已ニ而政務ニハ因循彌増長し農工商中以下之者ハ必至ニ窮迫ニ及ひ舊冬ゟ餓死之者數多有之尤富家ニ而は日々粥等施行いたし候得共近在之者雪中出凾も不叶空腹ニ而艸木之根も雪下と相成可憐形勢ニ御座候大坂酒壹樽此節八両貳分米四斗五両前後支那米四両前後ニ而日雇料三度食事為致候上三朱大工職人ハ三度食事之上壹分小片ニ而實ニ我々之如キ安キ日雇ハ有之間敷抔日々打寄堪《マヽ》息罷在候長防ハ兎角不穏哉ニ而此後如何可相成哉口ニハ改革變政なとヽ唱候得共當所之政事ハ井蛙ニ而余國の想像も不致空く下々を誤るを主といたし居候〇亞國鯨漁船江當所水主足輕鯨漁傳習として彼國の水主同給料ニ而一年限一船江四五人ッヽ為乗組差遣積治定いたし申候漁船水主ハ蝦夷人の如キ人

物ならハ格別和人之如キ性質にてハ不及事と奉存候○當年は當鎭臺蝦夷地唐太共廻浦右留守中新藤鈆藏殿在函之筈之處今以東都出立之模様も無之氣候後レ相成候而ハ唐太渡海差止候付歸函出來間敷當年も空敷鎭臺代り合可相成グヅ／＼消光と奉存候此表ニ而も江戸之如く諸役人人減し之調ニ而諸懸り々々人少ニ相成大混雜不勤の人員余程出來候得共文學ハ出る者ハ無之皆銃隊ハ出席致居近々英新式大隊調練取立之目論見之由ニ御座候下略

三月望日

其五 五月朔日附

先々月三月下旬佐分利泰助家族出府ニ付市谷定日便ニ差立吳候筈ニ而托し候書狀ハ最早御落手と奉存候右已來逐日暖和相增昨今一ツ綿入之氣候ニ相成申候「彌御方猛被遊御精務」扠先月四月七日鎭臺組頭其余一同立合ニ而小生學業試有之地理書之内大貎利太尼亞國之部エングランドスコウトランドイルラ

ン、ト都合三ヶ國にてフランス反譯差上候凡三倍程文法書三章講義いたし無滯相濟同廿日左之通
組頭荒木濟三郎方申渡有之

申渡

在住
洋學世話役
池田潑ゝ郎

洋學教授懸介

右兵庫頭江伺之上申渡之入念相勤へし

右之次第ニ而手當扶持二口被下未熟之私過分至極重々難有仕合奉存候年々定試ハ此方ゟ何書之内何章とか申立下讀等も致候付差支無之候得共教授職試之節ハ卽座好ニ而講義仕候事ニ付甚心配仕候處僥倖ニ無滯相勤申候右ニ付甚乍輕少金貳分飯米初穗奉呈上候遠隔不任心底候右ニ付而は龜田ニ而も洋學校御取立相成候ニ付箱館龜田兩學校江隔日出勤輪講文會等ハ都而箱館之方ニ而いたし候得共一ヶ月十餘日ハ龜田江出席仕詰る所ハ我身之學業之暇減しと御座候〇先月廿一日將軍

宣下濟御禮當地ニ而も有之奉恐悅候○英人ヱラスムス人名御雇相成西蝦夷地岩内おゐて石炭取立方近々取懸り之積ニ御座候同人見込ニは最初五ヶ年ハ入費多分相懸可申候得共后五ヶ年之出金高ニ而償ひ出來最初ゟ以上十一ヶ年目より全く國益ニも可相成趣申立候給料一ヶ年六千五百ドルラルスニ候○支那米舊臘已來貳三千石此表江入輸仕候○鎭臺夷地廻浦も延引と相見代り鎭臺今以到著無御座候○物價益騰貴妓樓抔之酒並盃一杯百三拾三文ニ當り候由米も不相變四斗ニ而五両前後支那米四両余ニ御座候猶種々申上度細事ハ無量ニ而手も付兼省略仕候輸入船ハ有之候得共兎角不景氣ニ御座候下略

五月朔日當賀

同人反譯左ニ屬ス

佛蘭西帝國地面□十万四千八百正方里人員三千五百四十万元を八十六洲ニ分ツ

地勢佛蘭西國ハ歐羅巴の西ニ在りて勢大の地なり北ハ大英國の海陜よ

り南ハ地中海ニ至り又東ハ日《ゼ》耳《ル》曼《マン》國瑞士國以太利國の西境より大西洋ニ至りて止む

地面南東及東方ニ於ては山岳多ク北西及西方ニ於てハ或ハ平地又不平也

地質土地ハ大ニ豐饒季候ハ温和且快爽にして南方の暖和北方ニ勝れたり

○五穀一般高地に生産すと雖共玉《タウ》蜀《モロ》黍《コシ》の如キ者ハ何處にても生す邦内茜根を産出する地有此草を以テ染色物を製す植物の内ニ蔘《タウ》菜《チサ》と稱す物有此ゟ砂糖を製す其草の耕業盛大なり

○國産の最も緊要なる物ハ絹物。毛。葡萄酒。胆肌樹の實の油。及數種の果物等なり○造船建家の用に當るべき良材を森林ゟ出ス事多シ

○佛蘭西の南方ニ於てハ蜜蜂及蠶の養育盛に行はれ鑛物の重件鉄石炭鹽等なり

住民混合したる人種多分有其中「セルチック羅歐巴南正の舊住民の人種を良民とすレイン河に接したる地に居住す人民ハ重ニ日耳曼人種にして住民過半は農業を務とす就中葡萄葛

道路官道ハ善良なるもの數多有鉄路は巴里斯《パリス》府ゟ英吉利の海陜の邊に於て重大なる市街或ハ比利士國に接する市街ニ通し亦國内市中ゟ首府に出たる鉄路有

○通航すへき河川にて凡八百里の遠きに通信するの便利有又鉄路と蒸氣船との便宜を以て二百十五里を隔たる巴里斯と倫頓《ロンドン》府との距離を纔に十時間に往來す此距離直徑二百十五里なり

製造物輸出物　製造物品種許多ニして且盛大なる事大英國にのミ次て他に讓らす當國の絹物ハ絶品美麗にして世界第一等の位置に居れり其他重用の製造物品ハ毛織、麻布、笹緣、銅鉄物器、帋、莫大小、葡萄酒、燒酎及飾物種々有此等の物品ハ輸出の重件にして此を以て邦國の内

外部ニ於て交易甚繁昌セり

市街

巴里斯府ハ國内第一の首府にしてザイン河口より其上之方一百十一里の所に在る二島及ひ其河の両岸に居れり

○此首府の廣闊ハ其河流凡五里の間にして此に架す橋二十余市街の周圍ハ塀壘を以繞ひ關門在りて出入す

○市街の公堂ハ美麗盛大にして數多有法敎の殿堂ニ「カテダラル、ノーテルダム」と云寺有て甚有名之此ハサイン河に有小島の一ニ建立しあり人呼て之を「ヱイルデイレーシチー」と云ふ

○「ケンブ、エクシトス」と唱える諸人遊行所在りて其周廓に樹木を植え有此所ニ於て諸の祭事を修し又游技藝、競馬、音樂等の如キ愉樂の數件平日興行し巴里斯府ニ貴美の書籍を幾件ともなく貯藏したる國人の文庫有を以て其名高シ

○此府ハ人員の多キ事歐羅巴洲第二等の者にして學術文學敎育等

ニ係る建物の如キに至りてハ世界に冠たり此都ゟ西ニ十二里を隔て「フルセルレス」と號す所有て美盛の殿堂有を以て此地有名なり
○サイン河の入口に有「レー」「ヴエル」は佛蘭西國貿易隆盛の市街にして「ニーヨルク」府及歐羅巴諸國との交信便利たり
○「トウエル」地名の海陝に有要害善キ「ラバウル」と稱する海港の地有其繁榮なる所以ハ英吉利國に最近キ港なれば也
○守衛を固く設たる市街「ストレスボルク」と云はレイン河に近接したるイール河の邊に有邦内に用る貨物交易盛大ニして蒸氣船を以て「ハッスル」「ロッテルダム」「ロントン」ニ往來す此市街は其法敎堂有るを以て甚有名なり
○ロヲンス河の接際ニ當りて「フイヲンス」と稱る佛蘭西國中の交易盛大なる第二の市街在りて絹物或ハ天鵞絨等製造の名所也
○ライヲンスの灣の東方に當りて「マルセイレ」有葡萄酒及ひ果物の

交易甚繁昌ニ而此を略説するに南佛蘭西に產出する天造物人造物の諸件を輸出する巨大の地之此地は又佛蘭西地中の港口にして東印度ゟ英吉利其他歐羅巴大地の國々ゟ發行する物ハ許多此所に來著す

○ローイル河の右側ニ「ネンテス」地名在り北日耳曼國蘇以天《スエーテン》國嗹馬《デネマルク》國魯西亞國と著大の交易を爲し其船にハ麻布或ハ獸油等を輸入し其歸路佛產葡萄酒及燒酎等を輸出す

○コロンネ河の左河岸に「ホルデユキス」地名在り葡萄酒賣買の大市にしてヒスケー港に於ての交易重大の所之

○「パリース」「ローフヱン」「ラップ」「リール」「ウレンシース」「ヱミケン」「レームス」「メッツ」「ストレスヒルグ」「レヲンス」「ゴロノップル」「メルセルロス」「ニスメス」「ボルデユキス」「ネンラス」「ヱシンコン」「トールス」「ブロイス」及「シント、イチン」各地名ミな製造物に於て有名の地之

佛蘭西所屬

佛國の所屬他邦ニ在る物ハ北亞弗利加ニ於てアルケレアの境域印度海ニ於てボルボヲン島西亞弗利加ニ於てシンゲール河の入口「聖ローイス」「聖ローレンス」の灣ニ於て聖ペール及メクロ小島西印度ニ於て聖メールラン島の北部「コートロープマルチンク」「デッシレート」「マリーカレント」及レスサインツ島南亞美利加ニ於てコーネヤ一部ヒンヅースに於てハボンジゲリー其他一二の府街ポリーネシアニ於てハマルクサス島テーチー島澳大利亞に於てハニユーカルーニア等也

○木曾人來簡

扨當年之順氣は十二分共可申歟隨而田畑共滿作先月以來廻村中見請候處奥々之山蔭迄出來宜敷去歳之氣變取直シ何より以て難有事と奉存候併穀類ハ未思ハ敷直下ケニ不相成白米壹升代七百五拾文位是ハ錢下落

故共相聞申候然共此氣候にて今暫相立候ハヽ引下ケ可申と一同樂しミ居申候

右七月下旬

○八月八日附大坂來簡

浪華も夷人共町住居追々相濟可申由比日佛國軍艦ヘ

上樣被爲成候其節定而胡服御用ひと案外御直衣被爲　召候由實ニ意外ニ出人々感服京攝之間下民ニ至迄乍恐大ニ御評判宜ク御座候扨當年ハ盆踊近年ニなき大はづミ其上座摩之迁宮も有之大ニ賑合申候別紙町觸寫差上申候下略

八月八日

今日通達町々丁代當鄕會所ヘ呼出し左之通被申聞候

戎島町　梅本町と呼替

新戎町　新惠町と同斷

戎橋　　永成橋と同断

右之通被申付候此段御通申上候御承知之上暫時不被留置早々御順達可被下候以上

八月七日　　　　通達當番　北久太郎町二丁目

○三條通寺町角ニ今朝張紙之寫

一先達而仍　勅許泰平被　仰出於當地大筒被禁万民少々ハ案心之思ひをなし猶々此度諸品下落可成段歎息致し候處然ニ両替屋共寄合御所號を街又ハ幕府諸家之軍用手當金と唱纔ニ人數申合悪説を觸人氣を騷し米穀之價にも不抱（マヽ）是不謂私欲ニ迷ひ上ヲ不恐万民を不憐不埒之事故先達而梟首加之筈之處憐愍を以張紙ニ而急度申付置候處此節金相場引下ケ猶以是ニおゐて米穀相場追々引直候就中諸品も成丈引下ケ方正路ニ働キ專一ニ可致若理不盡之者買〆等致し候者有之候ヘハ名前顯シ委張紙を以錦天神門前に無遠慮可申出探索之上可天誅加者也

有志武士

八月十二日

此書付三日之間張置可申事

○大坂ゟ來帖之寫（京地十五日出 八月十七日來著）

八月九日比

一此度兵庫開港ニ付大坂豪家貳拾軒ニ而買捌取締被　仰付候仕組之根元ハ灘之住人加納治助と申仁有之是ハ　公邊ニ而も隨分役ニ立候者ニ而當時格別之御取立御座候處何レ之士躰歟不相分候得共右治助之首を打刎候由慥ニ實說之

右は土藩と申事ニ御座候夫故交易之人氣も不宜事ニ御座候

一今般長崎表ニおゐて首を刎候異人は英國人ニ而五ヶ國之内ニ而頭取居候者之由交易一條其外都而日本之政事迄も委細ニ存居候者之由慥ニ承り申候夫ニ付而今般若年寄大目付御目付等土州江下向御座候由此一條公邊ニ而も余程六ッヶ敷とのよし

一大坂夷島町之儀梅屋町と唱替又南戎橋ハ永成橋と唱替候よし全夷人ゟ差支候事歟

一貳軒屋敷旅宿御目付原一之進ゟ今曉六ツ時比何れ之藩歟不相分貳人旅宿ゟ罷越一之進殿ニ面會いたし度趣ニ付則面會被致候處暫時して貳人之帶刀人一之進殿首刎落し黑絹之羽織ニ包持歸り板倉伊賀守殿屋鋪ゟ罷越候處門屋敷門〆切有之候ニ付則一之進殿首前ニ置兩人共切腹いたし候處ゟ一之進殿家來壹人懸付來候處壹人之帶刀人未タ相果不申由ニ而一之進家來ゟ切付候處右家來片腕切落し候處仰向ニ相成相果候付一之進殿家來直樣右兩人之首切落し主人一之進首諸共引提旅宿ゟ罷歸り候由何歟兩人懷中ニ願書も有之趣ニ候得共其儀は相分り不申候

一薩州井宇和島明十五日大坂迄引取相成申候由

一大隅守殿大坂迄御登り之よし

八月十四日

○

長防之儀御寛太之御所置被
仰出候ニ付申達之旨有之候間末家之內壹人吉川監物外家老壹人早々上
坂可致右ニ付先月松井紀伊守殿ゟ早打を以御使者被差遣候處大膳父子
奉拜承右三人之者共上坂爲仕可申段御請申上候付明九日歸京今日伊賀
守殿ゟ御届有之候事

慶應三年九月十日

但紀伊守殿ニは先般上京有之候處病氣養生之御暇被相願當時伏見自
分屋敷ニ逗留中

○土州ゟ英之軍艦差向候一件ニ付平山若老大小監察土州ゟ御差向ニ相成
於彼地英人應接可有之積之處土州おゐても自國之一條ニ付　公邊ゟ御
差圖無之家來を以應接いたし度申立候處以
台命出張相成候義ニ付譬談判ハ土州人ニ任セ候共席ゟ出張可致出張と

之事ニ而八月八日英人應接有之次第柄委細得有之候處穩ニ英人承諾土州後藤庄次郎外二人ゟ說いたし然上は疑心も相晴レ候由乍併長崎ニ罷在候官人ゟも申談穩濟可然よし一應横濱ゟ立寄長崎ゟ罷越候由ニ而無滯出帆平山若老其外共同船之よし右後藤庄次郎義ハ此節上京之由

若　平山殿
大目付　戸田伊豆守
御目付　何某

○丁卯六月八日宇和島老侯薩邸ゟ御持參之よし
幕府ゟ藝州世子紀伊守殿ゟ建白
今般長防御所置之儀ニ付從
御所被　仰出候御儀も被爲在候由ニ而去月廿五日御達之趣御當地參著之上承知仕
御仁德之程難有雀躍感戴仕候右ニ付而は前日家來共ゟ縷々

御内諭之趣具ニ傳承候得共一旦愁訴之道絶國情凝結いたし候上は今更
及説諭候共不行屆而已ならす却而
御威德を損し御不都合筋ニ落入御折角
天幕之御趣意水泡ニ相歸し御爲不可然義ニ付家來共ゟ有躰申上候次第
於拙者も同樣ニ奉存候乍慮外寂前より
公邊御役々過日經歷之次第幷同姓安藝守より不時申出置候事情等を以
得と御反察徒ニ御斷申上候義ニ無之段をも御洞察被下其上神速ニ寛大
之御實跡御裁斷被爲在候樣御輔翼有之度企望致し候儀ニ御座候以上

六月七日　松平紀伊守

〇丁卯六月廿六日
近衞殿より御建白
開港之事不得止事過日
御差許ニ相成候得共此儘ニ而は行末迄も

御安心之場合無之と恐歎候何卒永世不朽之良圖を廻らし
王室之御安危ニ不相抱《マヽ》萬民致安堵之御規則可相立尤聢と言上有之樣大
樹四藩に被
仰付度偏ニ
朝家之御爲幕府之爲ニ候間宜奉願候事
右甚恐入何共申上兼候得共呉々も
皇國之御安危此秋と存候ニ付心痛後患之恐レ實ニ不少乍恐心付之儀言
上之事

六月　　　忠房

議奏中

於開港地里數を聽《聢カ》と相極め宜夫を限りニ決而往返不相成自然押而彼通
行候節は必打留め可申樣大藩之內二藩に被
仰付隔年代りニ相定置嚴重ニ警衛可仕永世王室之御安危不相抱《マヽ》万民致

安堵候様被遊度尤奉始
神宮其他大社之向ハ勿論雖寺院
勅願所ヘ立入候儀堅停止尤邪宗門堅ク停止之事
右之通規則相立候へハ行末大患も有之間敷哉何卒聴〔聢カ〕と大樹ヘ被
仰出候様奉願度候此餘規則之廉々も有之候へ共肝要之處は先如此御座
候半歟愚考申上度候宜敷言上可給候事

六月　　忠房

議奏中

○大坂穢多渡邊村ゟ歎願書写

此度御用金被　仰付私共身分ニ取冥加至極難有仕合奉存候就而は私共
身分之儀は元來往古　神功皇后三韓　御征伐之砌御供被　仰付彼地ヘ
罷越候處彼地之風習一躰ニ獸肉を食物ニ致し候間自ら食習ひ候而歸朝
之後も於日本獸肉を食物ニいたし候所ゟ

神國清淨之地ニ而穢肉を食候條朝勤不相成旨を以淨人穢人と相分私共江は已後一切不淨懸り之御用被　仰付候ニ付其後陵戸の御用も度々相勤罷在候而染習難止獸肉を食し來候處猶又被爲忌獸類等之不淨物私共江被下置取扱仕候樣被　仰付候所ゟ終ニ人間之交りも不相成樣成行候事悲歎殘念之次第ニ御座候然處先年已來異國ゟ和親交易相願候處遂ニ攘夷御期限被

仰出候ニ付私共江先鋒歩役被　仰付候ハヽ一統死力を盡シ相働御國恩奉報度出願可仕存心ニ候處追々御和親ニ相成候趣奉承候然ルニ右外國人義ハ一躰ニ獸肉食風之儀ニ有之左候ハヽ私共食し候所ゟ御國地を穢候ニ付四民之外ニ御遠さけられ候段歎ヶ敷次第ニ奉存候何卒私共身分ニおゐて穢多之二字を御除ヶ被下置候ハヽ廣大之御慈悲と難有仕合奉存候猶今般被　仰付候御用金も家財を傾け奉献納候間何卒此段御聞屆被成下置候樣奉願上候以上

月

丁卯六月新撰組建白

先月廿四日此四人

柳原正親町両卿ゟ

參候由

新撰組　土方歲藏

山崎進

緒方俊太郎

吉田貫一郎

攝政府下ゟ奉言上候天下之大政を議論仕候處僭越之至奉恐入候得共數

百年大平之鴻澤ニ浴し罷在眼前

皇國累卵之危實ニ難默止候間不憚忌諱申上候儀ニ御座候先般時勢之儀

ニ付四藩ゟ建白長州所置之儀申立候ニ付此程公卿方御參集御決議可相

成之趣致傳承實ニ驚愕仕候元來長州御征伐之儀は去寅年五月中不請

幕府之裁許更ニ被及

奏問候處速ニ　奏追討之功奉安

宸襟候樣被　仰出
朝幕共御一致之御所置ニ有之
當大樹公御進發之節節刀を賜り候ニ而
宸慮所在青天白日之如シ然ニ今日ニ至り妄擧無名之師と申儀は勿躰なくも
先帝を輕蔑致し　先將軍を踏付候始末臣昌宜おいてハ一圓難心得奉存候官位復舊と申立候義是又天下之紀綱典型相立申間敷四藩申上候通之所置ニも立至り候ハ、乍恐
天幕之御不都合ハ勿論出兵之諸藩理非都而顚倒有罪と相成可申候向後万々一如何樣之變亂差起り其節何程
詔命御下被遊候共卒然奔命候者有之間敷夫而已ならす天下之諸侯彼かかき之强暴を恣にし非理ニ募り候而も法外之御取扱を蒙り候心得ニ罷在候ハ、彌以騷擾を醸し如何成事出來仕間敷も難計奉存候乍恐

天幕御權威日々衰頽侯伯駕馭之道御取失天下民心離叛いたし各國四分五裂之勢と相成縱横割據之略を抱乍恐其時ニ至り候ハヽ
天幕共鎮撫統御被遊候樣有之間敷愚考仕候此上諸藩之內ニは自然外夷と私ニ親睦を通し候樣相成候ハヽ
皇國未曾有之御失體万歲之遺憾ニ御座候既ニ其機微相顯候歟ニ傳聞承知仕候事ニ而乘危謀亂之族無之共難申上候依之愚考仕候ニ爾後
朝威　幕權之盛衰天下之治亂四藩建白
御採用被遊と不被遊とニ相决候間右一書早々
幕府ゟ御廻達之上京詰之諸侯ゟ
御咨詢相成候ハヽ是非曲直明瞭可仕奉存候左も無之候ハヽ御差戾被遊度返々も右之趣意御採用不被遊都而眞實御委任相成候ハヽ誠ニ
公武御合躰と相成速ニ萬事御奏功ニ至り可申奉存候恐惶謹言

慶應三年

丁卯六月

近藤昌宜

右は隊長近藤勇か建言ニヤ

一願書之次之書述全文左ニ寫ス

右願面御採用不相成諏訪氏種々説諭有之候得共存込之義ニ付不承知之旨ニ付隊長近藤土方初山崎吉村緒方等五人會邸ゟ被　召寄九人之者と談判被　仰付候間猶又隊長初厚説得候得共一圓不居合共夜四ッ時過ニも相成候ニ付近藤以下歸局諏訪氏ニも致方無之九人之者ゟ又々明日ニも罷出候樣被申候付先達而離局有之當時五條東ニ寓居之藤三樹なとの方ゟ諏訪氏ゟ書状を以一泊之儀被賴遣共夜九人之者ハ五條坂ニ泊り翌十四日又々九人之者會津邸ゟ罷出何分願之通離局之義申上候處今日諏訪氏他行小野氏ニも御用ニ付晝前ゟ他出跡有竹四郎太引合ニ而歸局之儀猶又説諭候得共決斷之者ニ付少も撓ます前日之通申立今日も隊長初

同列餘程談判ニ相成大躰結局迄ニ及候處佐野七五三之助中座致し茨木中村富川等を一間ニ呼入何歟密談之處隙取候ニ付其席ニ立入候處立派ニ自殺罷在候ニ付驚天不一形候得共寂早事切之上致方無之乍殘念死體取片付被申付十五日早天新撰組不殘見送り綾小路大宮西ニ入光縁寺ニ埋葬す誠ニ惜むへき壯士之殘之者共ハ一旦新撰組ニ連歸り不殘追放可申付との事ニ御座候

卯六月

附言

會津御役邸ニおゐて右之通四人之者共屠腹候ニ付御同藩ニハ仰天被致色々御手當御座候得共何分腹ハ切其上咽迄切居候間致方無之死體新撰組引取可申御懸合相濟候爲見屆新撰組之内島田魁罷越相改何レも絶命之趣相心得候處同局目付役大石桑次郞猶又相改佐野七五三之助息有之樣子と前ニ居り居候得は佐野ハ切腹其上襠《マチ》際迄咽ニ突込居候脇指の柄

を持ながら倒居候死體むつくと起咽ゟ脇差を引抜右大石之眞向を咽脇少し其上切先右之腹口ニ六七寸切込其上脇差を抛捨相倒れ候同組志村某是又脇差を取佐野ヵ右之横腹を突通し其餘外々之者共佐野ヵ肩先三刀脇腹四刀突拔候得共死切候と相見少しも不動候大石ニは手當を致し歸局候得共勇士之一念候哉無覺束候よし

佐野か死をいたミて

はかなくも消にし人のしのふ哉
蚊ら（マヽ）のけふりの下むせひつゝ

なきあとをとふこそ人のとふならめ
月雪華にとふハとふか（マヽ）な

都にて浮世の夢やさめぬらん
あかつきいそく夏の夜の月　　滿邦

消るあと匂ひの高き蚊遣かな　　都居

案るニ佐野自殺ハ可也大石ニ疵を負せしハ何事そや所謂血迷ひしならん檢使ハ心得なくんハ有へからす

○小出大和守

幕士外國奉行にて箱館奉行丙寅五月箱館詰解て歸府同年十一月魯西亞國ヘ御使ニ而渡海右隨從之者旅記之中拔書のよし井川某より寫し取

○丙寅十一月十一日江戸發ス横濱出帆唐上海《サンハイ》五日目ニ著ス十一月十五日之

○英領香港《ホンコン》十一月廿二日著ス季候五月下旬ノ如シ安南ノ内西湖《サイコン》稻種チ下シ四十日ニ熟ス一ケ年三度實ル

○新合浦《シンカホール》横濱ヨリ佛ノ里數二千九百八十五里ホンコンヨリ千五百十一里○大熱國ナリ

齋狠ノ内大港ホイントゴール横濱ヨリ佛ノ四千五百二十一里シンガポールヨリ千五百三十一里此所ニテ上陸一宿ス

上下十九人ニテ二食二茶ノ料百三十弗ナリ

壹人前金七両程之　浴湯一人前金三分程之　上品ノ茶上製

○イカナル食ニヤ未聞正猷　ノ菓子出セリ

アラヒヤーア、内

○英アーデン草木不生極熱三ケ年程宛雨ナシ海水ヲ製シ眞水トナス

○此所ゟ喜望峰へ出ルモ又西紅海へ入ルモ支度致ス所ノ由佛ノ六千六百十五里横濱ヨリセイロンヨリ二千九十四里

○西紅海ヲ上リ詰エジツト領スエスゟ蒸氣車ニ乗ル日本ノ百六七十里カイロヘ著ス夫ヨリアレキサンテル此所ゟ乗船七日目ニ佛ノ大港マルセールヘ著ス佛ノ二千九百三十二里十一月廿九日晦日頃初テ寒氣ヲ覺エ

○十二月二日佛國都ハリスヘ著ス同七日巴利スヲ發ス孛漏西ノベルリンヘ八日ニ著ス寒氣甚シ

○十二月十二日魯ノ都ヘートルヒユルクヘ著ス○□ノ度六十度

○魯兵大凡四百万ト云

第一等ノ、アトミラール日本關白ノ如シ　我金壹万五千両許ノ給分之

○旅籠屋ニテハ百三四十両蝋燭八十本　十九人ニテ二十両余

○借家賃　百六十ルーフル

○横濱ヨリスヱス迄海上佛ノ里數ニテ七千九百十一里

○アレキサンテリヤヨリマルセール迄二千九百三十二里我

○此船賃上下人數十九人食料荷物共

洋銀壹万千貳百三十二弗我八千七百廿四両

○ヱジヲ《フカ》トノ、スヱスヨリ、アレキサントリヤまて

二百廿五里ノ間蒸氣車入費三百二十五弗我二百四十四両二朱也

○佛國都府巴里斯ヨリ魯國都ヘイトルピユルク迄同斷金錢ニテ六千五百七十七フランク五十サンテーム　我八百九十五両永九百〇七文五分

○

土州之藩長崎表ニて英國ミニストルを殺害し横濱詰之英人軍艦ニ而長崎表江廻り追々應接有之貳万ドルにて内濟之旨ニ相成候處土州申狀ニは脱走之者ニ付藩士ニは無之浪人者故此方ニ而は不存趣申出候ニ付段々御糺ニ相成候處全く藩士ニ相違無之由ニ付英人ゟ土州と直應接ニ相

成候よし如何成行候哉
一此節御家人長崎表ゟ出張仕候右は朝鮮國ニ而戰爭有之候ニ付爲警衛出勢之よし
一駒場野夷人調練場ニ被遊候ニ付右近村五ヶ村取拂被　仰付候處百姓共一同起り立竹鎗抔拵へ役人參り候ハヽ打殺可申とて五百人程堂宮等ニ相集候而騷キ候儘先御沙汰止ニ相成候由
一築地藝刕之屋敷御引上ニ相成右屋敷夷人館ニ相成候よし此節普請最中之由
一鐵炮洲邊ニ而夷人店を開候由專風聞仕候未慥ならず
一長防平穩之御觸有之候處平穩共行屆兼候樣子ニ御座候
一川勝備後守佛國と緣組之義も評判ハ御座候へ共實事ハ不相分候
一民部大輔樣ニも佛國ニ未偶然として被爲入候よし如何成行候哉御物入多ニは困り候よし

○八月四日出同廿二日著之來書之寫

土州

八月二日四ッ時須崎浦御陣屋ゟ御注進同日六ッ時夷國船致入津御陣屋迄罷越度段頼出候へ共御取上無之御人數八百人計御繰出シ相成御打拂可相成候處出帆致候ニ付御人數御引取之趣御注進ニ御座候同日未之刻佐賀ゟ御注進イギリス軍船拾壹艘致入津候ニ付直樣御人數御繰出シニ相成左右之山ぎしより大砲五百發計相放候處船ゟ七八拾發程相發候へ共何分湊之勝手不相分至而汐之早キ所にて終に三艘ハ汐之滿る時ニ入津致し討合中ニ干汐ニ相成候故無詮方退散不相成其儘生捕ニ成候趣御注進ニ御座候其余退散仕候同三日朝坂島浦御陣屋よりも御注進同夕夷船八艘入津ニ相成候處此所ハ主馬亮殿御人數を以御打拂ニ相成壹艘ハ生捕ニ相成右之大亂ニ付大守樣始メ諸役藩共大ニ立腹被爲遊御急觸を以夫々御手當被遊幾万艘入津致し候共御打拂之思召御家中一同勇ミ立

日々御登城御評義いさぎよき事ニ御座候後文略

八月四日

但し御城下より四五十里へだゝり申候

○板倉閣老江差出候書付寫

原　市之進

梅澤孫太郎

此者儀元水藩にして源烈公ニ奉事シ先哲之間ニ交り兼而尊攘之大義を講究シなから時當顯要之地位ニ居り奸謀を廻し剰今度兵庫開港之儀ニ付恐多くも

天聽を欺罔シ奉り我君をして

敕許をも妄し奉る之擧ニ至らしめ源烈公之御遺忠を奉し我君を輔佐し尊攘之盛擧御施行あらしめて社至當之儀なるニ死を惜ミ己か榮利を貪り苟安を旨とする件々不少段ハ臣等之多言を待す國躰を破壞し天倫を

滅裂し共ニ不戴天賊臣之臣等衆之所惡者必す此を誅する之儀ニ厚キ今身を以是ニ當る上ハ先帝在天之靈ニ奉謝中ハ君家之御辱を雪き下ハ衆人の所望ニ答る也

天下有識之士奉〔本ノマヽ〕ニ是を察せよ

幕府小臣　鈴木恒太郎

鈴木豐太郎

依田權太郎

丁卯雜拾錄

三

（以下二行朱書）
○過便奉入　尊覧候薩夛英國を招請せし新聞書寫し後日借寫
脱文可有之候間御〔　〕（虫損、以下同シ）御覧遊し可被下候

小倉表壹岐守殿附属ゟ來翰寫

去ル六月上旬英國薩州鹿兒島ゟ延請被致莫大の饗應殊ニ巨多之賂を送り彼れニ聞説して助長論を立て御征伐之障害を奉謝候英國既に其〔　〕に迷ひ長崎ニ來り夫より直ニ下之關幷攝海ゟ罷越候積ニ相成居候薩夛ゟ崎陽碇泊罷在候佛船ゟ英國ゟ附托申候如く巨多之賂を相添前件の如く相托し候處佛國〔　〕怒仕我國日本政府と同盟の交有之且彼れ臣〔　〕身にして
幕府出勢の害を起し不義の至り殊ニ薩州と嘗て同盟の覺も無之候得は敢て送物等致し候筈無之亦我國も彼の贈物を請候儀も無之我今日本政府艱難の秋ニ當り盡力して其身を助け候こそ當然の理と存し候右に反轉して助長とハ佛國の知る鼻を批きて直ニ豐前小倉ニ閣老壹岐守殿御

出張相成候事を遙聞して罷越候處英國も右の樣子ニ驚き我國の彼レの香餌に懸り候事發露し候事を恐れ又々跡ニ從て英佛とも同廿三日小倉表江來船仕英國互ニ議論し候處英卒ハ佛に壓倒に寄て口を拭ひ更ニ知らぬ顏にて只々先比中戰爭中下之關通船差留之儀如何なる意なる哉と申應接のミにて流水的に應接濟に相成結極御指留之御場所通船致し其砌小倉地より炮發致し彈にて船を破り候ても右之通同盟國の船ハ欠損致し候ても氣の毒に思召され指留の所無理に通船致候て打懸候者の罪ニ無之通船之罪と相定可申趣申聞四時頃より九時頃饗應銘々沈醉して罷歸實ニ開港以來今日の如く流水□相濟候應接ハ無之候趣一同申居其跡にて引續き佛國應接有之尤佛と前日「コンシユル」壹岐守殿御本陣江罷越御閑談申上且尋問の爲に塚原但州佛艦江も被參彼是にて一ト通り分明に相成居候故別に早相濟候前日佛より申出候儀は此度　政府御征長相成大君にも御進發其趣意如何なる事有之候哉長州とても全闔國

凶賊と申義にも無之且素ゟ左程之大罪と申儀ニも無之一時の事ゟ□
□り候事にて
大君に於ても定めて少々は御無理之義被爲在候哉と申儀申述候ニ付一
點書にて長賊十四ヶ條の罪件を枚擧御遣しニ相成候所佛御尤之次第ニ
付右にてハ天地不容の罪早々御征討巢穴を覆し候方可然就而は佛國に
於ても御同盟申上候國故精々盡力御加勢可仕哉ニ存し□申聞候ニ付
右御加勢之儀は九州出張人數氣合に相懸り候ニ付御斷被及候所是又御
尤之儀ニ付左候ハヽ乍蔭盡力他國之者高利ニ迷ひ御征討の害を企候ハ
ヽ精々防押可仕候由ニ相成樣子私共も應接の御場所江罷出候

一佛廿四日下之關江參り長賊江書翰を送り其大錄有之候ニ付嚴科ニも可
被所候處寬大之上ニも猶寬典も被行候所右之儀をも違背ニ及其罪難免
大君ニも出張御征伐相成候よし承知いたし候ニ付而は佛國日本
大君とは當節和親も被結有之候故　政府江御加勢申ニ付其心得可有之

旨同月十一日指遣置候ニ付右返事取りニ參り候所下之關出張之者一同之慮ニ而は卽答難相成何れニも萩ヘ申遣返事も可致旨申聞返簡差出不申旨申聞候

一英佛應接は廿四日ニ可有之候處壹岐守殿少々御風氣ニ而延引廿六日ニ相成二國共應接濟横濱ニ罷越候由ニ而七ッ半時比出帆仕候

付札（一行朱書）

愚考

本文佛國

幕府ヘ御同盟之儀を以御加勢をも可仕旨申上候所ゟ佛國之儀御信用ニ相成今般

民部大輔樣御渡海被遊候儀と相見申候英國ハ薩州之香餌に迷ひ腹惡き所行ニ付佛國のミ頻りニ御用ひ有之事と奉存候

小笠原壹岐守殿佛國ヘ御見せに相成候長藩逆罪十四ケ條

第一

其初永井雅樂等を以て
公武御合躰之事を建白し其主人も専ら其意なるニ依て
朝幕共に格別ニ被　思召し所中比過激不口の徒に誑されていつか雅樂
等正議之輩を殘害し脱藩無頼の徒を集め清淨二州を以て一團の魔界と
なし粗豪の公卿等ニ勿躰なくも玉体に迫り大和の
行幸を勸め奉り京師を放火し
還幸の念を斷て
鑾輿を己か國に遷し
天子を挾て天下に令せんとの奸謀大惡を企し其罪一

第二

一時攘夷の詔五月十日期限の
詔も有之且　幕府より傳え又襲來の節は可致掃攘命も　幕府より示さ

れたるに陽に　敕旨を奉するを名とし陰に　幕府の不都合を醸さんとの奸計より襲來にもあら□通航の異船に砲發し公卿を唆き點檢使と稱し己か國へ招きしハ
禁中の御旨なるを示し其口を挾んで天下を刼かさんとの奸謀其罪二

第三

神祖以來□を賜わり外國の耳目として來航を免し置るゝ襲來にも無之和蘭船を猥りに砲撃し
神祖の舊口を犯す其罪三

第四

然りといえとも攘夷の事は其頃一旦
敕諚に出し事故其罪を問れさるは無量の洪恩ならすや右之次第糺問として遣ハされし幕府の使臣を謂れなく闇殺せしハ卑怯至極逆命の大罪
其罪四

第五

天道照々陰謀忽ち暴露し

禁中より御不審あり闔門の警衛御免被　仰付しに命を拒んて輦轂の下にして既ニ事を擧んとす

朝廷動搖し給ハす早々引拂へく旨の

敕使を下し給ふにより始て人數引揚たれとも猶三條以下之人々を刼掠し其國に伴ふ其罪五

第六

爾ル時征討の師を向られ罪を鳴らして征伐せられなハ一言半句の申譯ハなかるべし然るに格□恕を以て自故の期を待たれしに其洪恩を辨えす猶非望の企を止す去子年大膳父子の軍令狀を持て鐵騎戎裝京師へ乱入し

禁闕へ向て發砲し□門を□發して軍卒を率ひ海路を鞆まて出張せし□

［　　］以還未曾有の大逆無道南山の竹を以て書盡し難き一々毛髪を拔ても足らす不容天地の大逆罪其罪六

第七

若し實に主人の意中ニあらす果して三臣等の謀に出るならハ速ニ罪魁の首を刎徒跣にして　幕府に就て伏罪の命を乞ふへき筈なるに父子を勸めて隱然割據の企をなさしむ其罪七

第八

斯の如不容誅《マヽ易歟》罪を犯して頑に其改悟を《せ歟》さるより尾州前大納言殿総督として追討の際に臨ミ始て三臣の首を斬て悔悟伏罪の旨を述其緩怠の罪不輕剰謝罪狀は前大納言殿より幕府に伺［　　　　］にて未タ
朝旨　幕府の　御裁許なき限は天下萬世朝敵の罪名消る期なく然るを匪徒等其時御裁許ハ事濟候様ニ言紛らし天下を欺んとす抑朝旨　幕命の外何方ゟ　朝敵の罪名を免されたるや是私意を以て天下の大法を誣

狂し朝幕の命に抗せんとす其罪八

第九

幕命に背ひて暴動し攘夷を唱て夷船領海に廻り撃砕せらるゝに及んて
脆くも自判の降状を投して強て
朝命幕令に應して餘義なく砲撃せし旨を僞り己か罪を
朝廷幕府に推委し私に交親を結ひ往來を通する其罪九

第十

其跡疑ふべき事多きに依て　將軍御進發尚寛大の旨意を以て糺問の爲
め大坂迄三末家御呼出の所病氣ニ托して罷出す正議之末家迄罪名を蒙
らしむ其罪十

第十一

然るを天地の洪恩格別の寛典を行ハれ委曲奏問の上
勅旨　幕命を奉して　閣老境に臨ミ誤解なからん爲末家吉川等を呼出

せしも指留病に托して不差出樣仕其罪十一

第十二

其末家迄も病氣の旨にて名代差出し候處宍戸備後介儀はかねて一門にも無之身分疑しき者之處俄ニ一門養子ニ致し名代に差出し候其一途御用にて致出藝居なから兼て病氣之由を不申立五月朔日爲御裁許呼出しの期に至り俄に腫物差起り候由を以て押ても難罷出强て御斷ニ及ひ天幕の命を輕蔑する條不輕其罪十二

第十三

御裁許三末家ゟ被仰付候處士民情實不折合に托し途中におゐて相支へ大膳父子ゟ御裁許の旨不相達私ニ歎願等取繕ひて藝藩迄上達之儀申立其罪十三

第十四

備後介は病氣を以て自分より御斷申上名代之御用不相勤候ニ付右御用

御免なされ當人自前ニ付疑敷子細有之國泰寺ゟ呼出候處又々病氣を申立不罷に依て病床に就て御達藝藩御預ニ相成候藝藩警衛人數間に合さるに依て警固の爲銃隊差出し候處右樣主人の命を蒙りなから其用向をも不相辨剰身分疑しき故御預りニ相成候尤其段を毛利與丸始末家吉川等ゟも御達しニ相成候上は彼是言譯ヶましき義は有之間敷は勿論恐縮可罷在筈之處右備後介御預相成候節之銃隊差向られ候思召兵馬を以て應し候臣子之分抔と罵り候は長防二州は備後介所領なりや毛利家の舊領なりや果して毛利家以來祖先の舊領ならは備後介爲に兵馬を擅に出し

敕裁を違背し　台命を拒絶し却て主人を陥る其罪十四

○九月朔日出江戸表差出書狀之内

誠ニ當方市中表ハ夷人多分入込其内ニ而両三人も御老中若年寄同樣之人も有之趣ニ而町奉行所ゟ度々御觸も有之市中之者小兒ニ至る迄も篦

末等有之候得は既ニ切拾ニ致候樣子ニ御座候尤異人之屋敷抔と名附護持院ヶ原深川邊或ハ淺艸御藏□抔之町家之處皆々異人之□ニ相成此節之市中見廻り之役人異人ニ而見廻り有之候尤酒井左衛門殿も見廻り有之候間既ニ江戶ハ異人之地と相成樣相見實ニ歎ヶ敷思ひ候へ共是も天命ニ而是非ニ不及只々太平國土安全之御祈禱專一當方ニ而も日夜不怠修行仕候又作方之儀ハ日光街道江戶近在ハ凶作ニ而米相場両ニ壹斗貳三升錢ハ両ニ十貫文位迄ニ相成り申候

九月朔日

○

復古勤王

薩州武備充實富國强兵國論一定

皇國救危之柱石之近來長防ノ爲ニ盡力他ナシ是皆私ヲ廢テ長ヲ助クルモ天下之危急ヲ憂フルカ故也既ニ幕會ノ両賊

皇上ヲ東國ニ遷幸德川ノ基業ヲ堅メントノ奸謀是アルヲ當藩疾ク是ヲ
知リ晝夜
禁門ヲ守リ終ニ彼逆謀ヲ拒ム其余ノ奸賊今ニ至ル迄意ヲ空ク
朝廷無事ナル事皆是藩ノ力也嗚呼盛ンナル哉

長州

皇國ヲ憂ルヿ一身ニ在カ如シ癸亥以來賊之爲ニ　朝敵ノ寃罪ヲ得自國ニ蟄スト雖義氣奮然トメ不撓天下ニ獨立メ夷幕賊ヲ誅セントメイヨ々々君臣ノ大義ヲ國家ニ知ラシム皇國ノ煩《恢カ》復此藩ヲメ巨魁タラシメハ成功近キニアリ

佐土原大村平戸津和野小藩ト雖大義我名分判然是ヲ知リ薩長ノ二藩ト共恢復ヲ謀ル大藩ノ徒耻ヲ知ラス一余ハ略ス

佐幕勤王

越前頻リニ勤王ト稱シ人心ヲ求ム然圧内心不可量案スルニ幕府ヲ佐ケ

國政ノ大權ヲ扼《マヽ》ラントスル意アラン歟

尾州藩論三ツニ分ル一曰ク長防和解シテ

皇國一致セントニ曰ク是非ヲ不論幕府ヲ奉スト三曰ク苟安待變ニ如シ
ト

因州備前肥後阿州宇和島川越幕府ヲメ勤王タラシメ

皇國ノ紛乱ヲ生スル事ナク富國强兵ノ上

皇國ノ威ヲ海內ニ輝サントノ心唯惜ムラクハ賊幕ヲ助クルノ心如何

筑前對州元來勤王ノ心ナキニシモアラズ今賊臣意ヲ恣ニメ侫ヲ欺キ正義ノ臣ヲ斃シテ國內奸論一定ス如此ニテハ一國廢滅ノ基心スヘシ主將ノ心如何

待變竄食

肥州土州此兩藩元來尊王ノ心アリシカトモ第一主トスル處富國强兵竄食シテ國ヲ廣大ニシ其上天下ノ志シトス唯國家ノ瓦解ヲ待忠臣ト云ン

ヤ賊臣ト云ヘキヤ行ヲ見テ可決

津久留米柳河此三藩モ謀ルニ是肥土ニ近シ然共待變ハ忠臣ノ道如何

佐幕

水戸此藩元來天下ニ先立テ勤王攘夷ヲ鳴ス然𪜈主トスル所佐幕勤王ニ

メ眞ノ復古ニアラス

朝廷ヨリ深御依頼再三雖有

敕命一廉も不事空名の行と云へシ近來ニ至テ尚大義ヲ失シ會賊ト合シ

幕威弘張ヲ謀ル何ヲ以勤王タランヤ

紀伊元ヨリ勤王ノ道ヲ不知只幕アルヲ知ル一藩悉ク頑愚ニメ不足論

會津桑名高松濱田雲州津山彦根姫路小濱莊內高田忍小倉中津松前棚倉

是等の藩一心佐幕ニメ君臣ノ大道ヲ不知故

朝廷ヲ蔑如スルヿ甚之

天朝ノ藩屛タルコトヲ不辨德川ノ臣タルンヿヲ思フカ嗚呼愚之

依勢進退

加賀仙臺藝州秋田米澤盛岡弘前右等之藩何レモ上
至尊タル
天朝ノアラセルヲ不知ニアラサレモ至テ愚ナル故今日ヨリ衰弱ヲ極タ
ル幕府ヲ恐レ意ヲ両端ニ存スルノ癖アリ何程サトストト雖國家ノ柱石タ
ルヿ無覺束且外藩ヲ恐レテ更ニ形勢ニ不通然ルニ好名意アルハ可笑ヿ
也イカニ頑愚ノ至ナラスヤイカニ懦弱ノ極ナラスヤ癸丑以來國事ニ死
スルモノ一人モナシ就中加賀仙臺ノ両藩ハ天下第一二ノ大國以テメ
朝恩ヲ蒙ルヿ山海モ不可比斯ル國家ノ大事ニ臨テ寸兵尺地モナキ草菴
□
天朝ノ御爲ニハ死ヲ以テ國恩ヲ不知ハ禽獸ニ齊シ何ヲ以テ他藩ニ面ヲ
合センヤミヨ々々一瞬ノ時機ヲ得ハ盲眼ヲ開カスヘシ

〇卯九月大久保彦左衛門ゟ差出候願書

近來打續不容易數條就而は　公邊ニおゐても御先規御大禮等迄御簡略被爲在候儀粗奉承知候處夫是を以今般御旗本身分分限ニ付被　仰含候儀乍恐被爲盡御道理何れとも可申上樣無御座候私儀は先祖之微忠餘德を以數代安穩ニ御奉公相勤來候儀寢食之間も失念不仕万一御大事等之儀ニ粉骨御報恩仕度乍小身相應之心懸ケ罷在候得共近來知行所小損等折々ニ而百姓共追々疲勞殊ニハ諸物價未曾有之高料ニ而勝手方上下一同難澁ニ及ひ追々知音町人共ニ合力等受取續候場合不束散々之次第奉恐入候儀ニ御座候然ル上は今般御趣意御請仕候得共此上之取賄必至難凌中間小者之手當疎略ニおよひ借財取濟方も不行屆賤輩ニ對不實之儀ニ落入候ハヽ困窮之仕法ニ泥ミ自然武備要道ニも相拘り御用之勤ニおよひ見苦敷働も候而は祖先忠殼《教カ》之微忠も水之泡と消果可申哉歎息此之事ニ御座候未熟愚身ニ候得共類代之規則ニ外れ口忠節之大道も難立祖先之孝も難盡一身之不孝非運深奉耻入候依之奉願度候ハ奉拜領候　君

祿悉奉返納私儀ハ武門を遁れ以後日光樣　御神前に御給仕役相勤度乍不奉意御憐愍を以　御許容被下置候上は只々妻子寢食之御手當被成下候ハヽ此上之　御恩德厚奉仰朝夕　御家御武運長久之祈念ヲ行道と仕度其餘は可然御指揮ニ隨ひ可申乍恐祖先之寸志被爲　思召前條御聞濟被下置候樣御執成奉願候以上

卯九月　大久保彥左衛門

右は此度御旗本十ヶ年半知被　仰付ニ付願書なるへし此書來ル　板倉侯に出ス歟

○十月十三日攝政殿ゟ両役衆に之御書面

抑過日所司代幷梅澤孫太郎使として內々申出候ニは別紙之趣先在京之諸侯打寄及衆議候趣勿論主人在京之向は主人に可申聞就而は下官先含迄ニ申別紙書面差出候例之御方々幷両前關白殿下に之御含迄申入候勿論昨年相續筋ニも此義再三懇願仕候處出格之蒙御沙汰精々可相勤心得

ニ候之處何分二百有餘年來之風習一時ニも難改彼是人心不折合卒ニは
當今不容易時務被惱
宸襟候儀深奉恐入候ニ付先諸藩別紙之趣打寄熟談之上
朝廷ゝ可令出願内意之趣は勿論御奉公向々勉勵可仕天下とともニ可相
勤覺悟ニ御座候旨先は荒々大乱筆云々下略

十月十三日　　齊　敬

一卯十月十四日所司代參　内之上被遂　奏聞候書付

臣慶喜謹而
皇國時運之沿革ヲ考候ニ昔　王綱紐ヲ解相家權ヲ執リ保平之乱政權武
門ニ移リテゟ祖宗ニ至リ更ニ　寵眷ヲ蒙リ二百餘年子孫相受臣其職ヲ
奉スト雖モ政刑當ヲ失フ事不少今日之形勢ニ至候モ畢竟薄德之所致不
堪慚懼候況ヤ當今外國之交際日ニ盛成ニ寄愈
朝權一途ニ出不申候而ハ綱紀難相立候間從來之舊習ヲ改政權ヲ　朝廷

ニ奉歸廣ク天下之公議ヲ盡シ　聖斷ヲ仰キ同心協力共ニ　皇國ヲ保護
仕候得ハ必ス海外万國ト可並立候臣慶喜國家ニ所盡是ニ不過ト奉存候
乍去猶見込之儀も有之候ハヽ可申聞旨諸矦ヘ相達置候依此段謹而　奏
聞仕候以上

十月十四日　慶喜

右一紙

一十月十五日傳　奏御用番日野大納言殿ゟ諸矦重役幷留守居ヘ被相達候
祖宗以來御委任厚御依賴被爲　在候得共方今宇内之形勢ヲ考察し建白
之趣尤ニ被　聞食候猶天下と共ニ同心盡力致シ
皇國を維持可奉安
宸襟　御沙汰候事

右一紙

一十月十六日傳奏衆ゟ　前同斷

大事件外夷一條ハ盡衆議其外諸大名伺被　仰出等は
朝廷於両役取扱自余之儀は召之諸侯上京之上御決定可有之夫迄之處德
川支配地市中取締等は先是迄之通ニ而追而可及　御沙汰候事

右一紙

一十月十八日左之御書付御差出相成候

此度

王政御決定被爲在候就而は　召之諸侯參著之上篤と衆議を被爲盡　御
綱紀御確定可相成義ニ候得共外國御取扱之儀ハ尤至重之義ニ而時を不
計各國ゟ申建候事件無之とも難申其砌相當之御取扱相立居不申候而ハ
自然御不都合之儀も可有之其他件々御評決相成不申候而ハ　朝威ニも
拘り可申奉存候間差向詰合之諸侯諸藩士被　召集被爲盡衆議可然哉ニ
奉存候尤　御沙汰次第私儀も參　內可仕奉存候此段奉申上候以上

十月　　　　慶　喜

下ヶ札

召之諸侯上京之上御決定ニ可相成候得とも夫迄之處差向候儀有之候ハヽ諸侯上京迄差延候儀外國之情ニ通し候両三藩と申合可取扱候事

一十月廿日

下ヶ札

召之諸侯上京迄之處取計向伺候廉々

一當地三ヶ月詰幷口々御固メ大名割御両役ニ而御取調之上夫々御達相成候哉又は是迄之手續ニ而取調申上候而達シ方は御両役ニ而被成候哉

一禁裏御料幷御入用筋之儀御料所向は小堀數馬ニ而取計御入用筋ハ是迄之通取扱仕置可申候哉

一大宮御所御造立御入用國役金之儀ハ既ニ達し濟ニ相成居候得共此後納方等御取扱之儀是迄之手續ニ而可然哉左候ハヽ此段諸大名ゟ御両役ゟ

御達有之候樣致度候
一五街道脇往還宿々人馬之儀先是迄之通被成置候儀ニ御座候ハヽ其段御両役ゟ御國中ニ御觸達相成候儀ニ可有之候哉
一山城大和近江丹波四ヶ國攝家宮門跡堂上方家領其他寺社領大名領分ニ關係致候公事出入京都町奉行所ニ而取扱來候廉々ハ是迄之通取扱呼出等は其主人々々ニ掛合可申及候哉
一刑法之儀は　召之諸侯上京之上御取極可相成と存候得共夫迄之處は仕來ニ而宜候哉
一兵庫開港ニ付金札通用之儀町人百姓融通之爲ニ既ニ申上濟ニ而出來ニ相成居候間通用相成候樣仕度候
右八ヶ條召之諸侯上京之上被立規則候得は夫迄之處是迄之通可心得事
但當地三ヶ月詰幷口々御固大名割之一條は是迄之手續ニ而取調

猶申渡は両役取扱候事

右十月廿日午刻京地諸藩家老留守居　御假建所ゟ被召出別紙御書付

大樹公ゟ

御所ゟ被伺候付猶又諸藩見込之處御尋被　仰出候趣を以御渡相成候事

一十月

近々上洛之聞有之候實美以下脱走人之事

一外國之事

召之諸侯上京公論衆議之上決定ニ相成候得共先差向御取扱之處尋被下

候事

十月

○去ル十月十三日於京都二條御城政權

王政ニ復スルノ御建白一條關東ニおゐて同廿一日諸侯ゟ摠出仕ニ而御

達ニ相成夫ニ付天幕ゟ御用召ニ付評議區々ト相成何れ之席々も混雜の

ミ右ニ付
十一月三日於紀州御屋形尾水御用人出張越前家ヲ始溜詰帝鑑鴈之間菊之間等諸家重役打寄申談之御書付左之通
但菊之間は四日ニ相成申候
寫貳通
一名分條理御正ニ付而は御親藩御譜代初君臣之分一際相盡申度候事
一同心協力兵制可致之事
右一紙
今般御復政之御擧云々（後ニ別ニ寫ス故略之）
右一紙
三日四日とも紀州御屋形柳之間ニ出席左之通
尾御用人　下條數馬
同周旋方　蒲五平

水御側御用人　太田十郎左衛門
紀御家老　山高石見守
同　同
同　御用人
同
同
御目付
御儒者　魯　輔
國事方　榊原耿之助
同　武内孫助

三日
諸藩人數貳百人程御湯漬御酒等被下候
四日　同斷

紀州御屋形柳之間列席之圖

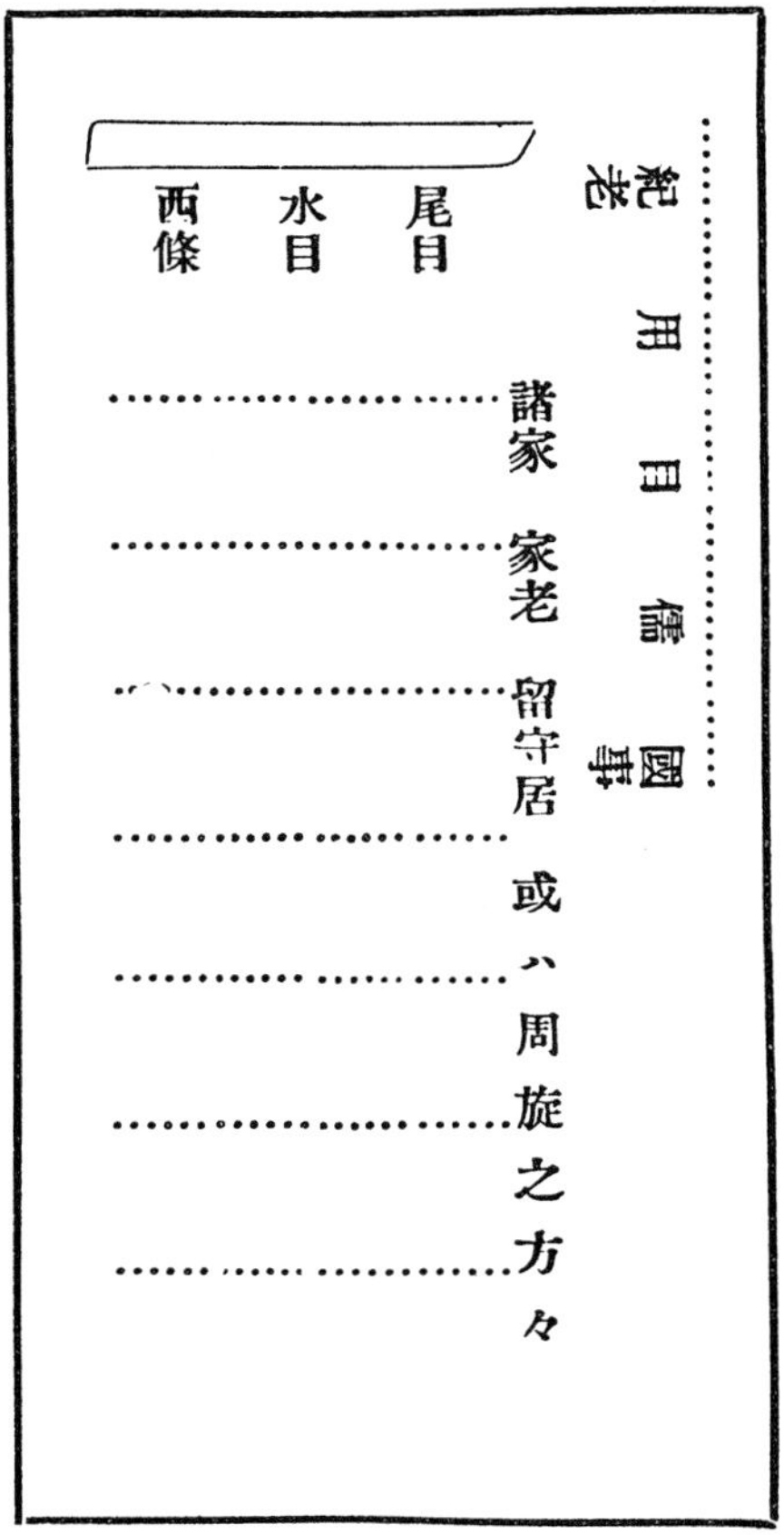

〇十一月四日紀州家ゟ廻狀左之通

一簡致拝啓候然は昨日は御苦勞彼是不行届ニ而御氣之毒仕候其節口上覺書を以及御口談候一條急速御決答幷御見込をも被仰下候儀と相心得候得とも危急切迫之秋片時も非可爲猶豫就而は親藩御一致同心協力御盟約確守御一定之意急飛差立國許ゟ申達俱々盡力被致候手續ニも可相

成且万一上京ニ相成候節東西之見込相違仕候而ハ大ニ不都合ヲ生し可申旁寸刻も早々相運ひ申度旨御決答御見込とも御書取を以明日中御差出有之候樣仕度尤御在邑之御方々ニは御在附御重役衆切之御衆論御見込之處右同樣御差出有之度爲國家冀願候右爲可得貴意如此御座候以上

十一月四日　國事方

武内孫助

榊原耿之助

帝鑑之間御席

御留守居中樣

尙々御銘々御姓苑ニ而可申上候處大略仕候早々御廻達宜御周旋被下度奉願候以上

翌五日松代矦留守居ゟ使者ニ而御請左之通

一昨日御演達之儀罷歸信濃守ニ爲申聞候處公方樣御上素ゟ深厚奉心配

被罷在此上幾重ニも御爲筋盡力被致候は勿論之儀ニ御座候猶熟慮之上被申述度此段御挨拶申上候

十一月五日

右ニ付小子も紀ノ武助ヘ両度參り榊原方ニも面會尾の蒲ヘも參り其余明石眞田九鬼藝州其外諸所ヘ懇意を通し又月々二度之會集ハ薩細川阿州島津明石等之方ヘも頃日一度參り風聞承り申候此節ハ誠ニ多用ニ而晝夜ともかけ廻り申候間大事のミ略申上候

一抑、此度京地は申迄も無之此表ニも叛逆人の元方露顯ニ候得ども是ハ極々內密ニ而切害ニ相成申候

○卯十月廿五日幕府ゟ

天朝ヘ御伺書

昨年朝鮮國ニ而佛蘭西之敎師を致戮殺候ニ付佛國之水師提督軍艦數艘を以及戰鬪候處時寒氣を向ひ一先解兵來年春暖を待チ大兵再擧之企有

之趣相聞且右戰爭之後亞國之商船朝鮮國之海岸ニ漂著候處佛國と認
而我鮮人妄ニ舟中之人を殺し其中ニ英人二名乘組居同樣被害候由三ヶ
國申合軍艦差向候聞有之朝鮮國禮曹よりも戰爭之次第宗對馬守へ及報
知候朝鮮國之義ハ從來之舊好唇齒之國柄彌三國合侵兵を向ヶ彼國亡滅
ニも至候ハヽ
皇國之大患ニも可相成其上同國之義ニ付去癸亥年對馬守ゟ申立候趣建
言仕候
朝廷御聞濟ニも相成居候旁此度和議可被取扱心得を以佛國公使に申談
尙朝鮮國には爲使節若年寄平山圖書頭目付古賀筑後守差遣し候積り對
馬守を以已ニ彼國に爲掛合候間内外多事之折柄とハ乍申両人差遣方此
上遲延相成候而ハ隣交之信義難立候ニ付十一月中出帆之積り猶又爲掛
合置申候右之通之次第ニ而両人渡海期月ニ差迫り居候ニ付是迄之手續
ニ而取計候儀ニ御座候改而從

朝廷其段被　仰出宗對馬守ゟも同樣御達相成候樣仕度奉存候以上

十月廿五日

右ニ付

御所ゟ十一月四日御付札相濟對馬守ゟ此段被　仰出有之候事

右ニ付江戸表ゟ十一月廿六日蒸氣船ニ而若年寄平山圖書頭御目付古賀筑後守出帆なり牧野駿河守と乘相之趣ニ承申候

○卯十月廿日傳奏衆ゟ左之家ゟ達書

三條西　藤原季知

轉法輪三條　藤原實美

右先年依　御沙汰一族一同致義絕候處去五月於長州も寬典之義被以下欠

○今般傳奏飛鳥井權大納言殿ゟ用達之者御呼立早々上京仕候樣　御沙汰有之候處陪臣之分にして

朝命を奉し候も不敬ニ相渡恐入候儀ニ御座候得共先般御政權御歸しと
被　仰出候而て不容易御場合
皇國安危之所係感激之餘寸志建言仕
神祖以來之御恩澤奉報候心底ニ御座候間近々上京仕度此段奉伺候以上
十一月十九日　牧野駿河守
別紙
今般　御政柄
朝廷ゟ被奉歸之儀ハ方今之御時勢不被爲得止之從　御深慮　御英斷之
御事とは奉恐察候得共臣子之情實ニ涕泣之至御座候折柄從朝廷上京可
仕旨被　仰下難有仕合奉存候得共陪臣之身分不俟　君命候而ハ禮義難
相立從素進退仕兼痛心罷在候處尙又當月中必上著仕候樣　御沙汰有之
已ニ期限差迫實以當惑仕候乍併便々猶豫罷在不應
朝召候而は又自然

宸怒を奉招　御當家と
天朝之御間柄彌以御確執を奉釀候樣相成可申も難計却而　御當家之御爲宜かる間敷と甚心配仕候誠不得止之御體勢ニ御座候得は兎も角も上京仕御用之筋蒙　御達其御沙汰之次第ニ寄微忠之一念より恭敬懇切歎願哀訴仕候外今日之御艱難萬一も可奉救道更ニ有御座間敷と奉存候尤此間中病氣罷在唯今之容躰ニ而ハ差向發途仕兼候間先爲名代重役之者爲差登於京地伊賀守殿ぃ万事相伺得御差圖取計候樣爲仕度奉存候何卒至情之程可然御汲取御差圖被成下度奉懇願候此段御內慮奉伺候以上

十一月十九日　　　　牧野駿河守

右ニ付廿二日御付札伺之通相濟十一月廿六日蒸氣船ニ而出帆之筈

○近國人筆記之抄

丁卯七月長州より土州ぃ使者

近來此御方之御仕合連々御承知被成下候次第ニ而無餘義御疎濶御打過

相成只管雲霧之開明を不被爲得候處不計も京都御凶變之御樣子御伺候
哉否爲絕言語日夜御痛歎相成候
先帝ニは格別被爲蒙　御恩遇殊ニ
今上御幼君之砌不容易御時節ニ而餘澤万一も被竭度　思召候へ共今日
ニ至候而は御徹心徹上之御道も被爲絕
朝廷之御樣子具ニ相分り兼只々御愁傷被在之候計ニ御座候折柄　容堂
樣先比御上京
皇威御回復之御爲不一方御盡力被爲在候由國內傳承仕上下擧而奉欣欠
然處其後御不例之御樣子ニ而俄ニ　御歸國被爲在候歟之御樣子爪
ニ御承知被成如何之御容體被爲在候哉と日夜御煩念ニ　思召候ニ付此度
御見廻旁且上國之近況も不苦儀は御承知被成度以御使者被　仰進候事
卯七月
土州より答

其御許樣御國分御艱難之折柄無餘儀御疎遠被爲至候義　御不本意ニ
思召別而
天朝御凶變被爲絕言語候御樣子御伺被成御痛歎之　御心緒深御尤思召
候乍恐此節雲霧御開明之期を被爲得候義ニ付於此方樣ニも御大慶被
思召候將又先比容堂樣御上京御國事御盡力中不一方御病症御發動不被
爲止御歸國之樣御承知被爲入御念爲御見舞御使者被爲進辱　思召候且
上國近狀之委細は役筋之者ゟ御使者ゟ御談合爲致候通ニ有之候事

卯七月

右七月十五日長州御使者ゟ御渡相成候事

案ニ長州ハ未御赦免無之云ハヽ敵國同樣之處私ニ使者を請文通幷上
國之近況等爲知候而も可然事ニ候哉

一九月御足輕之內俵町靑樓曾根屋ゟ參り樓上ニ而大ニ荒レ終ニ縛れ紙入
之內ニ名札有之言上ニ相成御暇ニ相成

一十月二日松倉春仙隠居被　仰付養子致し候樣被　仰出兼用隊淸水廣之助大坂おゐて青樓ニ而喧嘩致し候付歸國被　仰付苗字帶刀御取揚之上操練所掃除役被　仰付山田市兵衛後藤三吉改心寮ニ被遣候
但三吉ハ先達而御暇被下候者故今度御扶持被下候事
一同五日笠松關屋源助方ニ罷越承り申候新御郡代屋代增之助樣江戸表ゟ御越ニ付御途中御支配之村々御檢見被成候處御百姓共ゟ致付届候付何れも大ニ被叱御侘言ニ而相濟一札差出候由
一江戸表御旗本半知被　仰出候付多人數得共忘却御暇御願被成大ニ騒動之趣飛脚著申聞候事
一同月越前敦賀之人來話
水戸浪人九十六人永嚴寺ニ居候處若州佐柿と申所敦賀ゟ三里隔候處ニ屋敷出來浪人入レ有之准藩と申ニ相成乗馬一疋被下武田金次郎ハ乗馬ニ而往來候由敦賀ニも墓參りニ來候由一ヶ月貳百両ツヽ小遣被下一人

ニ付貳両ツヽと申事

一同月中之元乾《イヌヰ》八郎之話ニ御旗本十ヶ年之間半知御借米被　仰出其上當卯年之出來米一俵も不賣して蓄候様ニと被　仰出迷惑之旨

一或人之話ニ本願寺宗之僧五人江御内命有之外國耶蘇教修行被　仰付由其道ニ不入時ハ善惡不相分故と申事

一大坂ニも宗忠大明神之教法信仰之者多相成候由

一江戸在八王子邊十五ヶ村夷人江被下候處（案御借地成へし）右村々御請不仕候付七人入牢被　仰付右村々過激之浪人を大將ニ取立徒黨致し柵を構罷在候由

一同月友人より來書中長州之三人罷出候様被　仰出候付出坂ハ仕候へ共先達屋敷御燒拂（御取毀歟）相成候間足溜り候場所御周旋被下候様藝州江申出候由「攘夷は及ひ絶へ只開鎖之打合不遠相始り可申開ハ弱く鎖ハ强ク候旨申來候趣之

一十月十二日名古屋之早追引戸駕籠一挺垂駕一挺通行御國ニ參候同日某殿京師ゟ來著京師何かぶし〳〵致し候付増御人數被遣可然哉之御相談ニ御下りと申評之
一同中旬或人之話ニ　國主方之内ゟ王政復古と申事御申立有之との事右は豐臣家御治世之時之通五大老五奉行ニ相成候樣ニと申事之由一説ニは京都守護諸家ニてハ都而不行屆薩州一手ニ被　仰付候樣ニと土州ゟ建白と申事仍之十万石以上御大名京師ニ被爲　召候趣當藩ハ御幼若故御家老之内上京と申噂ニ有之案ニ先年大原三位殿　別敕之節既ニ五大老五奉行之事有之其節阿波侯之御建白ニ五大老ハ決而不可然之御説有之御尤ニ奉存候右之御政道ニ而豐臣家長久不致候ニ付神君御改革被遊御譜代御大名御老中之御政道ニ而三百年ニ及之御治世ニ有之實ニ難有御事然を今更何之故を以て

神君之御定被置候御政道を廢し豐臣家不吉之政道ニ復古可相成哉と
乍恐奉存候薩州一手ニ被　仰付候樣との說ハ虛言なるへし薩ハ跋扈
之勢ニ候處右一手守護被　仰付候ハヽ忽ち
朝威を借り如何樣之變を生し可申も難計候
一十月十五日比京周旋方兼御留守居某早追ニ而著何事ニ而候哉未承候へ
共定而諸侯方被召候一條と奉存候
案ニ土佐侯之御先祖ハ美濃之產ニ而山内傳兵衛《伊右衛門ならん》一豐と申土岐家之旗
下ニ而一向微々たる人にして大桑邊ニ在住有之其後織公之臣と成馬
揃ニ奥方之金子ニ而良馬を買求被出候處信長公之御目ニ留り是より
して追々身を立其後豐臣公に仕へ慶長五年關ケ原御陣之節ハ五萬二
千石《イ五万千石》ニ而遠州懸川の城主なりし然ニ關東御味方申上其功ニ仍
て土佐一國を賜り實ハ七十餘萬石も有之實ニ過賞至極ニ被存候誠ニ
神君之御厚恩殊ニ莫大過分なれハ眞實　德川家江誠實を不被盡して

不相叶義と被存候
因云薩州ハ剃髮染衣して豐臣家へ降參し猶關ヶ原の役ニ敵對し奉り
恩免之上本領安堵せし汚瀆の家之長州又關ヶ原役散々之所爲ニ候處
秀元朝臣と吉川の微志ニ而二州ヲ保チ猶七八十萬石を領し宇和島の
祖秀宗朝臣ハ政宗卿妾腹の長子大坂役ニ微功有しとて新知宇和島十
万石を賜り三准國主丹羽立花の一となり御譜代同前の新家ニ而眞田家主
と同等の御家臣共可申之然ニ不忠の心得滅亡の基ならん
右近國人筆記寫し之

○九月下旬十月上旬江戸來簡貳通之抄
昨年來ゟ外郭御門々々組合銃隊ニ而立居大番所ニも筒袖細袴ニ而相詰
前ニ鐵炮組合セ有之候處九月廿七日ゟ不殘相止晦ニ相成御門々々ハ撤
兵三人計罷出大番所ニは幕張いたし内ニ相詰居東海道筋領主々々の見
附のとく御門の中ニ立止り話し居或ハ子傳いたし雨宿ニも宜敷奇々妙

々夜ハ狐狸出そふなる寂寞と相成申候

一駒場野邊調練場布田村高井土村邊迄五六里間田圃□御取拂之儀農民一同騒立候付先御沙汰止相成申候

一佛國人過日神田橋外陸軍所ヘ引移候付追々盛大ニ相成御堀深ク廣ク夷船の乘入候樣ニ相成右堀方も外國器械ニ而早々出來候乍然大分之御入費且右ニ付屋敷町家も余程御取拂相成候譯にて難澁之向不少由

一築地等藝州屋敷夷人館普請㝡中御府内御廓内追々夷人住居神田橋陸軍所前ニ而日本の婦人夷人の子を抱キ立居候も見請尤横濱ニハ諸藩之妻子追々數多引越申候由

一此度万石以下貳百石以上十ヶ年元高之内半知
公邊ヘ御借入右年限中御役金相勤ニ不及諸拜借不殘無利元居但十ヶ年目ニ納リ高平均之書付先般御取上ニ相成而後上リ高之善惡ニ不抱金納ニ而半高御借入之由種々之苛政俸口減少渡リ物ハ錢ニ而相渡リ實ニ長

大息之

一組合歩兵隊五百人惣隊十五隊ニ而七千五百人暇ニ相成其内撰人五百人程御抱其余ハ不殘所々ニ屯集罷在

一長崎表も騷かしく候由何事歟承合重便可申上候

一此節ハ盗賊追剝等人を害し兎角人氣荒く少しの事も及釼騷キニ而西《マヽ》志武士小路ハ不及申町々至而淋敷

一當月朔日二日比大霜ニ而寒冷昨今（六日七日）少々暖ニ御座候

一御地神社佛閣之御札金佛銅佛木佛迄降候由不審千萬御影なと表具いたし候も降り候旨言語同斷一同驚入申候此表ニ而右之錦畫忽ち出來賣出し申候

以上

○秀蘭女史和歌詩（曾井中島村野川吉平方ニ而一見女史ハ堂上方息女ト云）

物盜む鼠ハ飯に飽はてゝ

うへて耕すうしや世の中

釼付鐵炮代釼槍　先祖遺言忘尊王
不法交易爲貪鈍　無名征伐吹毛創
建白諸侯啌八百　賄賂堂上欲一方
東住居若後家樣　空房位暮三年喪

○鈴木恒三郎之三士ハ元水藩にして武田耕雲齋の黨たりしが當時陸軍奉行竹中丹後守組なりし由近國之人の筆記ニミへたり又板倉侯ゟ差上し書といふもの異同有爰ニしるす

逆賊此輩の如きハ上下ニ少からす今此擧先帝之神靈ニ謝し奉り君家之辱を雪き衆人之所望に答ふる万分之一ニ當るに足らす唯同志勠力の少きを憾むるのミ實ニ君子報國の微衷也此志を諒する事を我に後るゝ諸士に請ふもの也

○近國人筆記

丁卯八月廿四日　戸田侯御自筆を以被　仰出候事家政向之儀　御代々樣之舊典も有之候處近來
公邊ゟ被　仰出之
御主意も有之ニ就而は時勢相當之新政を施行いたし度追々可申出品も可有之候旨此旨相心得銘々心附之儀無腹臟可申聞也
八月廿四日

新政大意

一舊典を廢し新律取建之事

一神文改正之事

一賞罰之規則改正之事

一民律改正之事

一江戸詰改正之事

一試材局取建之事

一會計局取建之事
一生產局取建之事
一貧院取建之事
一摠會所取建之事
以上
別紙之通　御自書幷御書付被　仰出之於三之丸拜見被　仰付候得共御用幷煩等ニ而不罷出面々も有之候付猶又寫相廻候拜見可致事
八月廿九日
○八月下旬江戸表ゟ
一江府も追々築地鉄砲洲邊町家取拂ニ相成異人舘出來候趣之
一横濱も一昨年參候節開港七年目之處町家四千ト申事此度參り承候處彼是一万ニ及候由其繁昌知るへし諸商人早駕籠等品川ゟ神奈川迄引も不切本牧山の手關外迄異人舘建つらね白日ニは異人之男女馬車馬上步行

等之往來不絶夜ハ吉原町和人異人之雜沓糸竹の聲曉ニ至る實ニ天上之極樂地上之横濱と謂つへし〇今般山城一ヶ國禁裏御料ニ被進候由尊王之勢不得止時宜とハ乍申向後天下之治る期ハ無御座是權力兼併之御目論見御尤トハ乍申甚小事之皇國中位ニ而ハ事狹し當時世界第一の富國ハ米のサンフランシスコ之此ニ諸品を仕入商ひニ參候ハヽ可然此地大造金を生する地之故ニ品を買候地ニ而ハ無之品を賣る地なり西洋諸國ゟハ路程遠く費用大之　皇國ゟハ海運廿二三日ニ而彼港ニ至る夫ニ付ても海港有之御領分ほしき者之〇土州の士長崎ニ而両人英人両人醉臥候處を及殺害立退き此度ハ土州と直應戰之由英のアドミラール此間横濱に參り支那之軍艦船大將呼ニ遣シ已ニ出陣と申場ニ至り候然ル處何歟事濟之容子定而償金ニ而も出し候哉且又三田四國町を薄暮ニスネル兄弟馬車ニ而歸館之處土岐之家來両人醉輿の上歟兄を切ニ懸り候處弟ヒストールにて腰を打兄肩を打下

駄屋ロ迯入るを又一發打候由不死と申事なれど眞僞ハしらず此義ハスネルの僕直話ニ承り申候其節同人之話ニ向後江戸兵庫開け候へハ右樣の事澤山出來其内ニ一度ハ戰爭ニ可相成と申候困り入候事之○公義ニ而あまり佛を御用ひ被成候故ニ英大ニ不滿を生し候付陸軍ハ佛海軍は英の傳習窮理化學ハ蘭の傳習と相成申候○化學入門之代料一朱之英和字書竹紙摺ハ三両貳分英漢和對譯書ハ十一両之○両品大風子と金糸桃之ハラトマ諸書を調呉左之通申聞候諸書とハ英ドイツ蘭等之大風子ハ漢産而已ニ而西洋諸書ニ見えす名丈有之哉癩ニ奇効ある事西書中ニ見へす漢學いまた學ハす故ニ巨細ハ難申尤癩之奇藥ハ西洋諸國ニも間々有之といへ共只一時之姑息にして癩の全治する理絕て無之其人生涯用通の外無之今油を得て分離すといへとも金属と違ひ氷炭等の分離するのミにて効能等の理ハ不相分○金絲桃ハ西洋諸書ニ見へたり四五種も有之少の收斂の性有之輕き止血等ニ用ゆ近時ハ絕て不用鎮嘔の効ある事書中ニ

見へす方今ハ米國カリホルニヤ邊の土人蛇毒總て青酸毒を解するに用ゆ醫家におゐて用ゆる事なし〇土州の蒸氣船　欠　に碇泊致居候處ニ紀州の蒸氣船突當り土州の船沈ミ死人三人有之兩方懸合ニ相成候處紀州の船懸合中長崎に參り候よし逐かけ行應接有之薩人長浪人土州の雇ニ入り已ニ砲發ニも可相成處長崎鎭臺に取扱相願候處鎭臺も土州との應接御困り御斷相成候由之處十万両之償金ニ而相濟候由然處此比五萬ニまけ吳候樣ニとの御賴ミと申事之

一同年九月七日江戸表より臨時御使著にて京都御守衛殿樣被爲蒙　仰候

京都御守衛ハ　阿波侯　宇和島侯

此方樣

大坂御取締ハ　藤堂侯　彥根侯

此方樣

一同九月八日左之通被　仰出

會計奉行被　仰付　勤役中貳百五拾石高　御用人末席　永田次郎左衛門

右同斷　百五十石高　平井仲右衛門

右同斷　小林誠右衛門

拾人扶持郡奉行被　仰付　山田治右衛門

右同斷　澤野増左衛門

壯士隊長被　仰付　三百石　中島武左衛門

大筒役助役　百五十石高　加納辨右衛門

新知五十石被下　口村龍之助

中村金左衛門養子被　仰付家督三百石無相違被下　山本健助

上田伊右衛門方ゟ引戻被　召出廿人扶持被下奏者番被　仰付　中村磨作

御奏者番席被　仰付　秋山景右衛門

軍事局頭取御奏者番席　石川辰助

一九月九日出京より兼用隊加藤與一左衛門組大坂江出立之由尤先々出張之御人數にては不足ニ付増人數被遣候事

右近國人筆記寫之

○九月

一長防之儀寛大之御所置被
仰出候ニ付申達之旨有之候間末家之内壹人吉川監物外家老壹人上坂可致右ニ付先月松平紀伊守殿藝州嫡子より早打を以御使者被差遣候處大膳父子奉拜承右三人之者共上坂爲仕可申段御請申上候ニ付昨九日歸京今日板倉伊賀守殿江御屆有之候事

九月十日

但紀伊守殿ニは先般上京有之候處病氣養生之御暇被相願當時伏見自分屋敷ニ逼留中之由

一土州ゟ英之軍艦差向候一件ニ付平山少老大小監察土州ゟ御差向有之彼地おゐて應接可有之積之處土州おゐて自國之一件ニ付
公邊ゟ御差綺無之家來を以應接いたし度申立候處
台命を以出張相成候儀ニ付假令應接ハ土州人ニ任セ候共其席ゟ出張可致との事ニ而八月八日英人ゟ應接有之委細次第柄（後藤庄次郎外貳人）說得有之候處英人穩ニ承諾いたし然上ハ疑心も相晴候由乍併長崎ニ罷在候官人ゟも申談穩濟可然由一應橫濱立寄長崎ゟ罷越候由ニ而無滯出帆平山少老其外とも同船之由右後藤庄次郎義ハ此節上京之由

九月

右少老ハ平山圖書頭殿大目付ハ戸川伊豆守御目付某と申事之

〇土州町人より大坂町人ゟ八月四日出通用同廿二日著同廿六日大坂定日ニ而申來九月朔日著

然は八月二日四時須崎浦御陣屋ゟ御注進同曉六時佛國五艘入津いたし

御陣屋迄罷越度段願出候得共御取揚無之御人數八百人計御繰出し相成御討拂ニ可相成之處出帆いたし候付御人數御引取之趣御注進御座候同日未下刻佐賀浦ゟ御注進イキリス軍艦十一艘入津いたし候付直樣御人數御繰出しニ相成左右之山岸ゟ大砲五百發計打放候處船よりも七八十程打發候得共何分湊之勝手不案内ニ而汐之早キ處終ニ三艘ハ汐滿候時ニ入津致し討合中干汐ニ相成候故無詮方退散ニも不相成其儘生捕ニ相成候趣御注進ニ御座候其余ハ退散仕候同三日朝板島浦御陣屋よりも御注進同夕異船八艘入津ニ相成候處此所ハ主馬亮殿御人數を以討拂相成壹艘ハ生捕ニ相成右之大亂ニ付
大守樣始の諸役藩とも大ニ立腹被爲遊御急觸を以夫々御手當被遊幾萬船入津致候共御討拂之思召御家中一同勇ミ立日々登城御評義有之イサギ能事ニ御座候よし

八月四日出

（一行朱書）
右は全く之僞書なるへし

○丁卯十月十三日出京之諸侯出仕幷家老共詰合無之面々は國事ニ携候家來可差出旨被　仰出右ニ付家來罷出候家々

紀州殿	尾州殿	彥根	高松	忍
高田	加州	阿州	黑田	仙臺
津山	因州	細川	藤堂	上杉
有馬	南部	佐竹	越前	備前
雲州	立花	前橋	薩州	安藝
土州	津輕	丹羽	宇和島	肥州
大聖寺	富山	奥平	福山	郡山
大垣	溝口	小倉	忍マヽ	

〆

○當月十二日曉大目付御目付中ゟ京都家來共江國家之大事見込尋度候間

詰合重役之者翌十三日二條
御城ゟ可被差出旨尤詰合無之候得は國事携候者可指出旨達有之候處重役之者在京無之何分行程隔り居候付達刻限京著無覺束候旨相達候處左候ハヽ京都詰家來ニ而宜由申聞大廣間ゟ伊賀守殿御出席　御書付拜見被　仰付其後於御同間伊賀守殿ゟ御封書壹通御渡可被成處御用多ニ付戸川伊豆守殿を以右御封書被相渡早々速ニ上京候樣申渡候旨京都表家來共ゟ申越候仍之支度次第早速此表發足可致候此段御屆申上候以上
十月十九日　松平甲斐守
拙者儀去ル十三日於二條
御城早々上京候樣被　仰付旨大目付戸川伊豆守申達候段京都詰家來之者ゟ申越候此段御屆申達候以上
十月十九日　松平下總守
○十三日二條ニ居殘り存慮申上候者左之通

薩州小松帯刀　安藝辻將曹
備前牧野權六郎　土州後藤象二郎
宇和島都筑莊藏　（福岡藤二
公方様御前ゟ被　召出御尋之上御菓子被下之
御目見畢而　御休息所ゟ被　召出御菓子被下之
○私儀御用被爲　在候ニ付早々上京候様
御沙汰之旨去ル十五日飛鳥井大納言殿ゟ在京家來之者ゟ御達御座候段
御届申上候以上
十月廿三日　眞田信濃守
○十月廿四日順動丸御船ニ而左之方々乘船歩兵四百人同船ニ而御濱ゟ出帆
稲葉兵部大輔　松平縫殿頭　永井肥前守
川勝備後守

○同廿五日摠出仕之旨朝五ッ時比御達ニは八時ト有之夕刻ニ至り御延引之旨御達有之尤一人も出不申溜詰衆御先番之箱入候得共持戻俄ニ忍邸ニ寄集夫ゟ又々模様替り岡崎邸ニ會議有之由

○卯九月土州ゟ建白

（一朱行書）別ニ寫有之故ニ爰ニ略ス

右卯十月四日傳　奏及板倉閣老ニ持參之由

右之建白ゟ事起り既ニ

御所ゟ表向御沙汰可有之趣之所ヲ堂上方ゟ内々

幕府ニ内通致し候人有之候付

將軍家ゟ發端して去ル十三日御建白ニ相成候由

一溜詰衆出立ヲ諸家ニ而は先《本ノマヽ》ト可申候心得ニ而大名は一向立不申候由

一諸家は尾ノ老公之御上京ヲ伺夫ゟ追々上京ニも相成可申哉之風聞

一御役人之外ニ郡山侯十月廿二日立出ニ相成

○去ル十七日京城詰家來之者二條　御城江被召呼板倉伊賀守ゟ　御奏聞
御所ゟ被　仰出候御書付拜見被　仰付右ニ付早々上京仕候樣被　仰渡
候趣以早便申越候間支度次第當地發足仕候此段御屆申上候以上

十月廿三日　松平伊賀守

○上京被　仰付御屆

本多美濃守　松平刑部大輔　阿部美作守

酒井若狹守

○十月十六日若年寄平山圖書頭御目付二人添急著其外郡山忍の早追十七
日夜ニ入十九日別紙御屆廿一日揔出仕同夜七ッ半時之西丸ゟ老若衆御
退出有之尤此初ハ土州ゟ王政復古之建白有之夫ゟ事起り候由忍の家來
早追ニ而來ル人之話ニは　尾老公
御所內之評判宜旨品ニ寄候ハヽ
敕命ニ將軍職可被　仰付歟之由

○江戸表廿日早朝ゟ上方之騷動話し承り夫ゟ日々所々聞合等ニ而出歩行今日迄同前困入申候
十月廿四日認

○卯九月藝州ゟ　幕府ヘ達書
毛利家ゟ別紙之通國許ヘ以使者申越候ニ付則差出申候書面之趣宜御差圖被成下候樣安藝守ゟ申付越候此段申上候以上
松平安藝守内
九月廿九日　三宅万太夫

卽日御付札
書面之趣は末家幷吉川監物病氣少ニ而も快方候ハヽ家老一同ニ大坂表ヘ罷出候樣可申達候

別紙
毛利家ゟ藝州ヘ差出候書面

前日以使者及御答候通於　幕府御達之趣末家幷吉川監物ゟ相達候處孰れも舊年來之病氣㸃と無之重キ　御沙汰筋ニ付而は差押候而も登途不申候而ハ不相叶筈ニ候へ共當節之躰ニ而ハ何分不任心底無余義御斷申上候然處重大之御沙汰筋餘り延引相成候而は如何共奉恐入候儀ニ付不取敢家老計支度次第登途爲仕候心得ニ御座候尤末家一人監物共少々快方ニ候ハヽ差押早速可罷出候へ共其中名代ニ而可然御事候へは御差圖次第早速可罷出候旁之趣

幕府ゟ宜御取計被致御賴申候

○宅ゟ酒井左衛門尉家來呼達之覺

酒井左衛門尉家來

松平權十郎

右明廿三日九時過西丸下罷出候樣可仕旨宅ゟ酒井左衛門尉家來呼可達事

十月廿二日

宅ヽ酒井左衛門尉家來呼達之覺

市中爲取締奥詰銃隊晝夜巡邏爲致遊擊隊は飯田町小川町駿河臺鎌倉河岸邊巡邏爲致候筈ニ付此段爲心得酒井左衛門尉家來呼可達事

右十月廿二日持歸同夕宅ヽ留守居呼渡候

宅ヽ銘々家來呼可相渡書付

松平和泉守

西丸下元板倉伊賀守御役屋敷先達而御預被　仰付候處御都合も有之候ニ付御預　御免被成候間早々御作事奉行ヽ引渡候樣可致候

別段達

別紙ニ相達候西丸下御預屋敷長屋向當分家來住居ニ拜借被　仰付候處御預被成　御免候付而は家來共爲引拂長屋向不殘早々御作事奉行ヽ引渡候樣可仕旨別紙書付相渡候節松平和泉守家來ヽ口上ニ而可達事

酒井左衛門尉

西丸下元板倉伊賀守御役屋敷先達而和泉守江御預被　仰付置候處其方江御預替被　仰付候間得　其意場所請取方之儀御作事奉行江可被談候

右十月廿三日持歸翌廿四日朝宅江家來呼相渡書付

○十月廿一日ゟ市中爲取締撤兵巡邏被　仰付隊伍組見廻之旨町々江御達ニ相成候事

○十月廿五日御本丸大手內元下御勘定所當時明屋〆切之處今朝御目付方達立合之上奥詰銃隊詰所ニ相成小筒百挺余入候事即刻御詰ニ相成候事

○宅江家來呼達之覺

井上河內守

深川六間堀中屋敷御用ニ付差上爲代地半藏御門外元火消役御役宅家作共被下候處差向御用之品も有之候間可被差出候代地は追而可被下候御作事奉行可被談候

右十月廿四日持歸

外國奉行

○

此度外國政府江談判筋相勤候付御用中若年寄格被　仰付勤候內七千石之高ニ御足高被下之

右之通被　仰出候旨當五月廿一日附之以奉書佛蘭西御用先江相達候處八月十四日承知之旨請到來　十月廿日持歸

○十月十五日出京師新聞

一大坂廻米貳艘長州沖ニ難船仕同州瀨戶崎幷越ケ濱江入津仕候ニ付右爲差配掛り役人同所江差遣申度段奉伺候處御付札を以書面之趣不苦旨御差圖御座候ニ付則差遣候處石州瀨戶ケ崎迄罷越候へ共先々通行六ケ敷無據同所ゟ歸國仕其後右難船江乘組之船頭水主共罷歸右船は於彼地留置相成候段申出候趣等昨年七月廿二日御屆申上候然處右滯船之內一艘

此度防州三田尻豊後屋藤六代人正兵衛ト申もの引受彼地ゟ通來り去月五日雲州三保關迄著船致し候段同所用達網干屋儀左衛門ゟ申達候ニ付受取人差向申候此段御屆申上候樣申付越候以上

松平因幡守内

十月五日　河毛文藏

○大御目付御目付に

松平伊豫守事內願之趣も有之候ニ付御役　御免被成候旨去ル十九日於京地被　仰出候此段爲心得向々に可被達候事

十月

右書付美濃守渡

○丁卯十月秘說

十三日被　仰出候　御書之趣　御奏聞を聞付薩土藝宇和島岡山ゟ速ニ御許容可有之左なきニおゐてハ忽暴發抔と兵威をかざり關白殿下ニ取

詰相迫り候由　殿下ニも段々御説得も有之候得共何分夫等之儀は聞も
不容爰彼所ニ相迫候由畢竟右等之爲ニ歟
御所よりも早々　御許容ニ而十六日朝御達之御運ひニ相成候哉之風聞
御座候尤榎本侯ニも右之御噂内々相伺申候御同公之御咄ニは今度御辭
職之儀ハ至
將軍樣御赤心ゟ出候事ニ而御老中樣始誰壹人夫を知る者も無之或時不
意ニ右之御書面御持出し被遊候事之樣ニ承り申候斯之次第ニ而は切迫
と申所も暫緩くと相成可申歟なと相伺候處先其筋之樣ニも存するが乍
去兎角彼ニハ兵事をかざり取繕候持出ニ付中々いつ何時どの樣ナル暴
發有之も難計との事昨日於
御城彦藩岡本面會之處只管驚歎との事ニ而何も萬端御相談を相願度殿
方歟御登ニも成る歟抔之邊相尋候
公義ゟハ見込申立候樣ニ　御沙汰

御所ニ而ハ早　御聞届之　御沙汰ヶ様之御次第ニ而如何成行可申哉抔
と説を立候向も有之候今日之勢ニ而ハ會藩第一ニ氣遣しきもの丶様ニ
と下略

桑山豐三郎

○十月十七日　御奏聞
此度御決定被爲在候付而は　召之諸侯參　内之上篤と衆議を被爲盡御
綱紀居ニ可相成候得共外國御取扱之儀は尤至重之義ニ而時を不計外國
より申立候事件無之共難申候間相當之御取扱振相立居不申候ハ而は自
然御不都合之儀も可有之其他件は御決評ニ相成不申候而ハ
御差支之儀も御座候間差向詰合之諸侯諸藩士被
召集被爲盡衆議候ハヽ可然哉と奉存候尤御沙汰次第私義も參
内可仕と奉存候此段奉申上候以上
十月十七日　　　　　　　　　　　　口　　　　　　　　　　　　　　　　　　　　（印）

○十月廿二日　御所御假建所ゟ諸藩出候件

十月廿二日

御所御假建所ゟ、、罷出候處過日之通之御間ゟ御兩役御出座ニ而過日

御達相成候御附札

附札五卿之事

自然上京候得は諸侯上京迄之處於

浪華滯留之事

但從

朝庭可申事

幕府ゟ御伺書

御附札

右八ヶ條　召之諸侯上京之上ハ被立規則候得共夫迄之處是迄之通

ニ相心得候事

但三ヶ月詰并口々御固メ大名割之一條は是迄之手續ニ而取調中
渡ニおゐてハ兩役ニ而取扱候事

一外國之件
御附札
召之諸侯上京之上御決定可相成候得共夫迄之處差向候儀有之候へ
ハ諸侯上京迄差延候儀外國之事情ニ通候兩三藩と申合可致取扱事
右御書附拜見之處紀州藩三浦より相伺候ニハ兩三藩と申ハ何レ之藩ニ
候哉と云々相伺候得共　飛鳥井殿御答難被成候以書付申出候樣ニとの
御沙汰にて退出ニ相成候

右同廿五日諸藩伺等書取如左
昨日於御假建所演說を以御伺且恐存申上候件々以書取左ニ申上候
一御附札面ニ兩三藩と御座候は何レ之藩ニ可有御座哉御見込被爲在候處

奉伺度候事

一両三藩之處於

朝廷御撰被爲在候御儀哉於

幕府御撰相成候儀哉諸藩衆議を以相撰候義哉奉伺事

一外夷御扱之儀は天下之衆議被爲盡候御儀と奉存候處両三藩と被

仰出候ハ如何之御見込被爲在候御儀哉奉伺度候事

一外夷御取扱切迫之事件諸侯上京御決議迄御差延之義否如何歟不容易御

儀と奉存候如何之御應接ニ而御差延相成候哉萬一御差延難相成節ハ如

何御所置被爲在候御義哉一同奉掛念候ニ付奉伺度候事

一召之諸侯上京衆議御決定相成候迄之處是迄之通萬事

幕府ヘ御委任被爲在猶於

幕府諸藩被召寄篤と被盡衆議候樣被爲在度奉存候事

右伺且愚存申上候件々早々

御沙汰被成下候樣仕度奉懇願候已上

十月廿五日

彥根　小川德之允

田中金藏

高松　松山修輔

小倉　二木武兵衛

忍　平野俊吉

岡本全藏

姬路　青木平藏

岩崎辰二

中津　富士野彥右衛門

若州　深栖務

郡上　安藤光太夫

大垣　市川元之助

高田　服部瀨兵衛

大野與一左衛門

松代長谷川源藏

○十一月中旬江戸ゟ書狀

頃日市中豪家へ侍躰之者多人數黨を組夜陰表蔀戸を鐵カケヤ抔携來打毀短筒を砲發白刄を拔かさし人々を爲致恐怖金銀之仕舞所を爲致案內有次第數千金を被奪去商人共幾夜も有之穩ならさる事故三ツ非を初五人衆十人衆と相唱爲替御用達町人宅ニ　御上ゟ騎兵隊方之御役人十四五人ツヽ賊防キ之爲被附置候處右等之儀は可存居と金吹町中井某宅ニ當月十四日夜中强盜共裏戸打碎押入候付右詰合被居候方々不透可生捕と死力を被盡候へ共多人數之賊故漸々兩人取押へ候處內壹人ハ手負故翌日相果一人入牢御吟味中ニ御座候是ニ而惡黨共栖も追々可相顯哉と被存候就右市中ニ有之講釋場席と相唱候手廣之家へ　上ゟ御役人衆多人數每夜被相詰候付少々安堵之小口ニ至候猶先便一寸申上候新吉原歩兵一件も追々六ツケ敷相成未タ廓內ニ遊女ハ壹人も居不申殘らす明家

同様ニ而遊女屋共儀も類焼之節と違ひ立退ニ而商賣もならす別莊ゟ立退居候而も心ならす候故或ハ旦那寺抔へ立退引籠居候族も有之誠ニ眼も當らぬ奇事ニ御座候右之響ニ而芝居町ゟも歩兵共打殺し候節人數出し候よし之流言等有之候故右町ゟも歩兵之者打毀しニ來る哉之風評路次ニ滿申候ゆへ是又兩三日以前ゟ家財取片付疊を上ケぬ計ニ而出火同樣之始末ニ御座候其中ニ而相撲ハ毎日大入客多ニ而上々之景氣ニ御座候

○築地邊異人居留地普請も追々出來誠ニ花美なる事ニ候

○横濱表ゟも兩三日以前ゟ頻ニ神札天降彼地之人氣も何もなく面白くおかしく相成陽氣充滿此樣子ニ而ハ當地ゟもふる御札の有らんと諸人相待申候天降始り江戸中ぅかれ出し候ハヽ賊亂も自然と相納世直し踊ニ而も相始り候ハヽ面白からんと今ゟ樂しミ罷在候愚思ふニ横濱へ御札の降臨ハ交易も神慮ニ叶ひ候事哉と鎖港攘夷を祈候大和魂も心にて耻入申候猶新文追々可申上候云々

世の中の形勢につれよし原の
傾城までも見るにミられず

なと御笑下さるへく年來口さけすミ之通愚之大和魂大くしけ比日中ハやまとこたつニうつくまり居申候穴賢

○

大髷蓬々刀共長　腰佩毛皮豪傑囊
黑兮斑兮莫吹付　箇是英雄非氣狂

角田綿江（分註朱書）名炳稱俊作 笠松ノ人

○十月晦日出京使

尾張大納言様廿七日御入洛知恩院江　入御先々平穏由之相聞申候
大納言様御引籠ニも候哉御門片戸閉シ有之御月代も尾州ニ而被遊候計ニ而其後無之由

廿八日　桑名侯參上
廿九日　會津侯參上之處　御逢無之由
公邊よりハ御菓子なと參り候由ニ御座候
當地廿七日比ゟ頻りニ天降有之由ニ而市中祭り二見之浦などの作り物有之衣裳美々敷飾りおとり歩行其哥ニ云く
「ゑいじやないか〳〵　おそゝに紙はれ破れりや又はれゑいじやないか〳〵
と云ひて市中大賑合夜八ッ時比迄太皷打囃子ニ而山手などへ聞へ申候
尾州之通ニ御座候
尾州様が御座ッて世の中が直るニ付御札が降と申由ニ御座候
○十一月六日出京状
去ル二日於　御殿御書拜見被
仰付翌日右寫相廻申候付其寫差上申候御拜讀被遊候様奉存候
一諸藩も未出不申候付いつれ　御長ク相成可申

一朔日か町家某とかより尾張大根に花の咲たるを鉢植ニ致し候由ニ而差上昨五日奥ニ而拝見仕候處何様華咲萏ミなと澤山ニ御座候

一幕府も益　御盛ニ御座候由ニは候へ共何れの道ニも當時ハ御愼ミ相成居候事ニ付未何共相分り不申候

一願御供之輩澤山ニ有之誠ニ他所者同様之風俗ニ而御番所々々ニ而聞訂候ニハ込り入申候由ニ御座候

一先々當地も平穏不相變踊り流行女兒ハ武士ニ贋セ老姥ハ若キ女ニ作り妻ハ亭主ニ似セて半天を著中ニは三方荒神飾馬ニ夫婦伊勢參りニ擬し宰領抔附屬ニ而跡ゟ宿駕籠ニ乘りて行者も有手拭襦ばんニ

おかけ

なと染込又ハ笄なとにも作り候てミな〱歩行申候先ハ祇園天王様參詣仕候歌ニ

「ゑいじやないか〱〱米穗ニかみはりやゑいじやないかと申由中には女兒十七八の者筒袖細袴長

謡にて行者も有先ハ洛中亂の如くに御座候

御書寫

今般之在京ハ追々と違ひ主意柄有之在京ニ而恐懼修省を旨と致候儀ニ付時務之見込有之輩他向ゟ對し候而は素ゟ縦令内輪同士たり共彼是議論辨難黨派を分ケ一和を損シ候樣相成候而は不可然且他向之聽も深心配致候間爲筋等存附候者は傍輩と可否之論究ニ不及銘々少しも不憚忌諱實意有之儘書取封物ニいたし目付又は小納戸頭取を以早速差出我等之不逮を助ケ忠告所望ニ候呉々も一同前條主意柄能々相辨揔而身を省ミ恭敬之心を不忘樣可致事

十一月

○近國人之筆記之寫

十月十二日薩土藝備等之周旋方幷浮浪之徒加り一同連署之建白を闕下ニ捧て其大意ハ當

將軍家
御在職ニ而は
皇國衰滅暗夜ニ可相成仰冀ハ
聖明之德を被爲開可然人才を御撰拔將軍職を被
命候樣且長防御呼出ニ付吉川監物大擧して坂地に發向長防之宿志御取
上ニ相成候ハヽ格別左なくハ直ニ干戈を以
天幕ニ奉迫汚辱之名を雪んとの結構ニ而薩土藝備等其聲援をなすの條
々を告奉る云々

△十月廿七日出江戶表ゟ左之通
京地も何歟騷々敷旨承知仕候爰許御普代之御大名御在府之方々は去ル
廿日比ゟ日々御發駕ニ相成御旗本衆ハ半知高ニ被
仰出甚惑亂其外御直參之面々御扶持米も御渡無御座ニ付是又惑亂ニ而
江府も大變革ニ而異人は彌はびこり旣ニ御郭內ニ異人舘御建渡ニ相成

外通見附御番衆ハ皆々引拂ニ相成漸雜人一兩輩之御番ニ而異人自由ニ
出入仕實ニ言語ニ絕し奉恐入候次第ニ御座候其上叓許之諸色高直は筆
紙ニ盡しかたく御座候

一此度薩州御屋敷當時之頭取御締り之御留守居
大奥樣ゟ參上仕申上候次第を女中衆ニ承り候へハ叓許ニ彼御屋敷御人
數もいまた多分有之由之處十一月十日迄ニ壹人も不殘引拂御屋敷々々
皆々
公邊ゟ差上ニ相成諸御道具共皆々御差登ニ相成江戸ニは雜人壹人も難
差置候旨ニ而殊ニ向後ハ
大奥樣ゟ薩州ゟ御書御文通迚も御双方樣共決而御止猶又花川と申御先
代御召連之女中當時
御上家同樣ニ御取扱ニ相成居候此人ニ附人之女中江戸者壹人も御召連
無御座蒸氣船都合三艘ニ而十日迄ニ不殘出帆ニ相成候旨被申上候右ニ

付
大奥様ニも絶言語候御歎息ニ思召四五日前ゟ少々御容體も被爲在奉恐入候

△十月廿七日出勢州ゟ
先達而以來當國南北共所々御祓降此頃ハ頻りニ相成尤鈒先御祓而已ニあらず金毘羅愛宕稻荷山上（神カ）又ハ佛像又ハ大なる石之山神此頃ニ至り小判貳分判壹分銀四文錢抔も所々江降候事ニ而北勢ハ一般踊出し家毎ニ酒を振舞或ハ鏡餅を搗老若男女半狂之如く躍出し土足ニ而躍込候趣両三日已前ゟ山田方も一様之浴衣等ニ而大勢躍出し候先達も御木曳よりも賑合候趣ニ而奇妙なる世界ニ相成申候當所は御上ゟ御取締嚴重之事故近邊所々御祓降申事ニ候得共一切今以神酒祝ノ躍出すのと申事ハ仕不申安心仕併毎日々々近所江御祓降候事ニ而騒々敷申觸申候南北勢共一向半狂之噂承り候而込り入申候

△十一月江戶ゟ
虎之御門内内藤樣御屋敷御用ニ付御引拂と申事定而外國人之居所ニ相成可申哉と申事ニ御座候
一當地下說ニ
公方樣之御大勇實ニ恐入候御事中々下賤之者ニは思召之程も難計御英邁之君と御噂申上候云々
△十一月出鳴海ゟ
此比近邊之和尙長崎ゟ歸申候彼地之事承候へハ五ヶ國之夷人ニ而勿論朝鮮人と筆談いたし候由朝鮮も今春フランスと合戰有之候由其節漂泊し長崎にも參候由人品衣服古の王風存し可愛風俗之由淸朝人錢子琴除兩亭と申者ニも面會錢ハ善詩除ハ善書両人之詩書一覽仕候
一長州赤馬關山の頂ニ築壇名を招魂壇といふ長州之爲ニ戰死せし人を祭候由和尙ハ當時大高長壽寺ニ住し今秋志水氏之命を請丹羽田中抔申士

と同しく長崎ニ參り候二子ハ今般
老公ニ隨ひ上京致し候云々

△十一月十日新加納ニ而承る

郡上八幡（青山大膳亮樣）ハ御祓降候而も祝ひ候事上ゟ御禁ニ付其後御祓降不申候由楫斐も棚橋氏祝ひを禁し候由

按ニ津八幡ニは卓見之御役人有之候事と被存候

△十一月高須ゟ

弊藩も傳奏日野大納言殿ゟ上京之儀申來候處幼年且病氣ニ付爲名代家老中根帶刀當十六日發途上京相成申候

△十一月十二日笠笠〔松カ〕ニ而承ル

加納永井樣若年寄ニ被爲成右御屋敷大勢無心ニ參り三百両とか被遣候由御役家ニ而も如此事故其他所々ニ白晝ニ押入候由○笠松御代官ハ來春二月御越之由夫まて信樂御支配のよし

△十一月十一日新加納病用之節平島村ニ有之飯沼□墓一覧仕候

隆宗院殿淨譽清頓居士 慶長五年八月廿二日 岐阜一戰之刻飯沼勘平長資於此討死

△日門様御建白

大樹方今之形勢を考察相國以來維持之權勢朝廷ニ歸戻之事件不容易儀ニ付一擧ニ可申盡事ニ無之況予文ニ暗武ニ疎くして議論雖從 廷議慷慨之餘りニ説述する所ニ候偖

朝廷歴代之風習を監察に勇武强威は

皇國之質ニして外夷之不及所故内ニ仁德を施し外ニ武威を以治則權道之根元也然ニ今日ニ至り權政文ニ移り於

朝廷御取扱相成候儀畢竟綱金之司紐を失ひ往々各國獨立之基を開き戰爭將無止時加之外國窺之外患内憂一時ニ發當是時呼々如何紵御之道堂

宸襟を可安哉願將軍職於關東持張し於

朝廷更ニ外藩之密奏不納

公武合体一和表し策略一途ニ出ル時ハ四時始る静謐之知歸所是當今之
急務海内之幸甚ならん云々
右日門様ゟ議奏衆迄心得迚御書取之寫
○十一月廿日御目付觸
先般
御書を以御示被爲在候通時勢大一變ニ付
大納言様ゟ御伏罪之儀
朝廷ヽ御建白被遊候處別紙一二印之通
朝廷ゟ被　仰出候付右貳通相渡候御書之趣何れも承知仕尤前顯
御書之　御主意無違失相心得候様にと之御事候此段向々ヽ可被相觸候
在京之輩ヽは爲相觸候
十一月
右之通外記殿被仰渡候付相達候被得其意組支配等有之面々ハ組支配之

方〻も可被達候

十一月廿日　　御目付

一寫

今度大樹宇内之形勢を考察シ奉歸政權候儀ニ付格別親藩之故ヲ以彼是

心配之趣尤ニ候得共先年來勤王之儀は被

聞食有之儀故必掛念無之是迄之通出仕可有之候事

二議奏正親町三條前大納言殿ゟ御演達之主意

大納言樣御事此度御病氣之處早速

御上京

叡感不斜旨被

仰出候事

○當時祇園新地藝者見立

一なるハいやなり思ふハならす

ほんにしんきの苦の世界
「色と酒とに迷ハぬうちは
こんな人でハなかつたに
「人にとふこふおまへのことで
苦労せぬ日はないわいナ
「九重の松か隠してへたてゝいれど
主が出なけりや夜か明かぬ
「おしたては強いよふでも品玉男
替る仕打がうけにくひ
「有か中にも延立きぬは
未詳　ゆかしきことし竹
「しつと手を出すさこねのこたつ
きかねだらけて足らだけ

都屋　おきみ
都屋　於仲
あつまや　お玉
長門屋　於長
籠島や　おさつ
あわや　おとく
熊本屋　お連

「おくれなからもけふ此ころは
ふいと目を出す藪の梅　金澤屋お梅

「主も男じや今さら人に
遠慮するのも程かある　土佐屋お高

「おれの德だよ野原の柳
おされ次第の風次第　唐津や八十吉

「物數ハあのミいわずに都の人に
すいでころばす干や梅　はかたやおちく

「敵ハ千人味方ハ一人
思ふお方ハ二こゝろ　讀人しらず

「　をいふのもわたしのまこと
未詳
意氣地立ぬく身の覺悟　因幡屋お鳥

○十月十七日尾發足御作事奉行秋本卯兵衛京都紀行之内

市上所見

踊躚舞態學雲翔　鉦皷如濤人似狂
都下囂々多喜語　百神感降占祐祥

上御著ノ御當日ヨリ所々ニ格別
神降大賑合誠御評判ヨク
神德輝ヲ奉稱人氣ナリ

權家初作
乾公

問權家 廿五日著ナリ相尋入夜歸ル途中吟

鴨流音靜夜更遙　傍岸家々鎖寂寥
醉歩無由問陌路　仰看星彩三條橋

所々ニテ人ヲ切リ既ニ廿四日四條通リニ人連ニテ行逢事逢テ他藩ノ
人ヲ切ル別テ市中靜ナリ

未定草

御一覽御取捨可被下候

○十月十七日出江戸状之中
今般銃隊一統御廢止相成　公義おゐても不容易莫太之御物入有之候ニ付御旗本不殘拾ヶ年平均半高物成上納被　仰出江戸中殊之外人氣騷立諸家方ニ而も不殘歩卒御暇ニ相成何れも行先無之者計ニ御座候且又何れニ而も御家來御減しニ相成候所計ニ而召抱候家ハ少しも無之只々浪人計多ク出來右等之者所々ニ大勢屯致し晝夜ニ不抱押込強盗計多ク未夕暇ニ相成不申者ハ今か〱と案し暮し候樣成事故殊之外人氣宜からぬ事ニ御座候下略

○此節京都流行手拭之形（圖略）

○十月十六日傳奏衆ゟ本願寺ゟ屆

口上覺

長門國ゟ脫走之堂上當時筑後久留米肥前肥後薩州等之藩預り有之候處上坂上京可被致節大坂迄著所之儀御當方御懸所旅宿ニ拜借いたし度旨右

五藩申出候ニ付其段當四月被　仰入置候處尙又右家來別紙名前之者彌
來ル廿日上坂粗治定ニ付必拜借致度儀再應申來候旨付而は過日御屆被
仰入置候毛利大膳幷吉川監物使者ゟ應接之場所ハ前顯之次第候間御當
方ニ而用意相成候義大坂町奉行所ゟ被達候旨同所津村御懸所留守居共
ゟ申登セ候ニ付此段御屆被　仰入候以上

本願寺御門跡御使
田中主鈴

十月六日

別紙

松平美濃守內　中村佐源太
　猪股才八
細川越中守內
　橋本卓之允
　永井淸左衛門
松平修理大夫內
　黑田彥右衛門

松平肥前守内　山田嘉太夫
有馬中務大輔内　初森傳左衛門

○丁卯十月諸家建白紀州公より

今般御改革ニ付　召之諸侯上京難被爲待件々
御下尋之趣盛大之重事御施爲之當否より天下治亂之機深　御憂慮之段
奉恐察乍憚言上仕候

抑王政ハ王政之規模有武政ハ武政之綱紀あり皆天下自然之勢たり沿革
且大利之所ハ必大害之所存古今沿革之際鑑利害危難之機命無之候其所
以は新政未立舊綱既ニ弛ミ人心洶々紛紜之際ニ乘し奸雄激徒一己之私
口を過し天下之大亂不可收ニ至候事古今之常證是大害之所存皆欲迷之
私心より出來候間先々其大害を防き大体を致し然後改革之大利も相生
候大害を禦候新制未定候間舊綱を不弛より外ニ道ハ無之マヽ抑今日之御改
革ハ　大樹公至誠至忠を以百五十年積權を一朝ニ奉歸候筭德天下之賢

明無此上筭《マヽ》徳ニ候間斯　大樹江王政之規模組立總督を被任古今之沿革
時勢之變遷万國之形勢斟酌し人情時勢至當之規模を被爲立万國ニ卓立
し万世ニ貫徹相成候御盛業被爲立度右大規模相立候迄ハ朝廷清粛之体
を不被失從來之御綱不被爲弛様目前指懸候事件等ニハ少も無御拘一切
幕府ニ御任被置候事御當然之儀と奉存候間外國之事件實美以下之事ハ
勿論御別紙件々其他一切
幕府江御任可相成別段施爲之儀は御答不奉申上只々盛大之御主意御貫
徹候様奉至願候以上

十月廿二日

薩藝土三藩ゟ

今般幕府政權を
朝廷江奉還任候次第誠以復古之御大業數百年來之英斷ニ御座候而
御國體御變革宇宙間ニ御獨立可被遊御基本ニ候得は微賤之私共迄も深

天下之爲ニ奉恐悅候付而は衆庶議事之意を以諸藩共被　召出廉々御下問被
仰付候儀ニ謹而奉言上候
一德川家取扱之廉々當時伺出候通被　仰付置召之諸侯會議之上御確定被遊可然奉存候
一脫走五卿之儀近々上坂之聞有之趣御座候得共推而右等之次第ニ相成候儀は有之間敷召之諸侯會議初發ニ御裁斷被
仰出長防御所置同時ニ相成可然と奉存候
一外國取扱之儀は暫時越方之通ニ被閣　召之諸侯會議之上
皇國一躰を以
朝廷之御條約被爲結尤兵庫開港之處ハ今般大改革を以國体變換之次第談判ニ及ひ被差延候而可然哉ニ奉存候
右之件々當時在京仕候三藩之者共同意仕候間乍恐連名ニ而申上候尤書

外尙又口舌を以言上可仕候誠恐誠惶頓首謹言

松平修理大夫內
關山糺

松平安藝守內
辻將曹

松平土佐守內
後藤象次郎
稲《福カ》岡藤次
神山左兵衛

津藩より

微臣共　御下問を蒙恐懼之至奉存候不容易御用筋ニ候故直樣奉申上候
抑政權之歸不歸ハ古來ゟ□勢ニより相備候事ニ而
幕府政刑を用候事貳百五拾年來

大樹公虛心政を
朝廷江被歸候儀相希候へ共是又自然之勢ニ無之候而ハ京師忽紛擾を釀
し候儀
皇國之亂治此ニ基き可申と奉存候今日　御垂問を蒙り候ケ條脫走之五
卿上坂之儀自然兵勢を張
朝廷江脅し迫候而入京之形勢ニ有之候ハヽ其罪を重ね候次第ニ付速ニ
其罪を鳴し御追討被　仰付可然奉存候若穩ニして上坂いたし候へハ
幕府へ御渡し先坂地ニ被止置候樣仕度外國之事件ハ如舊
幕府江御委任被爲在候樣仕度覬覦之藩
朝廷をして約を結始而　幕府之交際を破り己レ交際之權を恣ニと計候
意ニ至候間是又如舊
幕府江御委任被爲在候樣仕度各國公使入京之儀願出候共　幕府おいて
も爲延候義不容易と奉存候得共自然御模樣ニ寄　御沙汰次第當今之形

勢ニ候故私共ニ被　仰付候へハ
朝廷幕府之御爲ニ期限を爲延可申奉存候別段御渡ニ相成候數ヶ條之儀
は前同斷
幕府ゟ御委任被爲　在候樣仕度揔而於
朝廷政を被爲執候儀乍恐大害之基ニ相成可申故斷然
幕府ゟ御委任ニ而覬覦之者を斷候而緊要と奉存候
御垂問之趣概略奉申上候誠惶々々頓首敬白

十月廿一日

仙臺藩より

召之諸侯上京御決定迄之處差向候事件ニ付私共見込御下問被成下趣奉
畏候差撮廉々左ニ奉申上候
一外國事件之儀ハ誠ニ重大之御所置ニ而御座候へ共先達而　大樹公具ニ
建言且諸藩見込之趣も被爲聞衆議被爲盡已ニ開港御指揮相成候上ハ應

接等都瑣細之事業當然　大樹公に御委任相成可然乍併難被任廉も御座候ハヽ兼而外國之取扱被　仰出可然奉存候方今外患切迫之形勢は勿論之儀ニ御座へ共尤先可憂處ハ腹心之病と奉恐察候何分人心輯睦万國ニ御威信被爲在候御所置被爲在度奉存候

一實美卿以下御所置之儀　御寛典を以被　召登候上ハ別而異儀も有之間敷候へ共諸藩上京御決議迄之處先暫之間入京被相扣置可然奉存候

一大樹公伺之件々諸藩上京迄之處是迄之通御委任被遊可然乍併御變換被成置難被爲成事件も御座候ハヽ尙衆議之上御決定可然至躰錢穀出納刑獄聽斷等ハ局々ニより典刑舊習も有之有司ニ無之候へハ口理を不被心得儀ニ而空敷可奉論判樣無御座奉存候右之件々御尋ニ付奉申上候方今不容易折柄百年來として王政ニ御復ニも被爲成候上ハ御中興之御初政ニ而万民刮目御維新を渴望仕居候機會ニ御座候間万々一御失體等被爲在候而は誠ニ恐入候御事ニ御座候幾重ニも御衆議被爲盡公平中正之御

施行被爲在候樣奉希望候恐惶頓首謹言

仙臺中將內

松崎中太夫

十月廿一日

肥前藩

一實美以下云々　右は當春五藩申立御聞濟之通歸洛御取扱ニ可有御座尤御所置之儀は長防ニ相准候事と奉存候

一外國之事　右ハ大事件之儀ニ付卒爾之見込難申立何レ御召之諸矦著京公義衆議を被盡御決定迄之處有形之通幕府ニ而御取扱之儀可然歟尤御改革ニ付而は條約調印之儀を申立候哉も難計儀

朝廷之御事鑑御決定被成置度奉存候

一幕府ゟ御伺之件々御衆議御決定迄ハ矢張幕府ニ而是迄之通左無之候而は新規之御事柄御役々御揃不相成候而は

御差支筋可有之哉と奉存候
右之通御尋ニ付御正路之次第奉申上候以上
十月廿一日
○卯十月六日指出
州侯建白　此書藝州ト有之若薩州ノ誤ニ而ハ無之哉ト云
我邦は
神祖謂皇太神也
神祖貽厥之地ニ御座候へハ万機之事務下群牧に御咨詢上
督恐質
神祖に御督°被遊候ハず而ハ御施行難被成御事ニ而乍恐
天子も天下を御専制難被遊御儀共可申歟況其臣ニ於てハ勿論之事ニ御
座候処中古已來皇紀解紐政權武臣ニ出弱肉强食
陸地恐陵遲
神州幾ンド陸地之勢相迫候折柄我
東照宮被奉
神慮禍乱平定生民を塗炭ニ被爲援候勤

王之御偉勳は賛稱を不待義ニ而若今少シ御在世も被遊候ハヽ終ニハ回
天之御遺業も可被爲垂所物代星移流弊漸積約り滿天下只
幕府之聲息を而已相伺候而乍恐
天朝をハ度外ニ指置候姿ニ而其極
御國躰ニ關係仕候開鎖之大事件さへ私ニ御通信商館を被爲築候抔全天
下を
幕府ニ御私有被爲成候筋ニ相當り候所ゟ忽チ積年憤鬱之人心を激し大和五條等之擧動ニ及候其後表面穩ニ相見へ候得共今日政令一發物議多端人心益支離致し候而追々不可收束時態可押移勢ニ御座候乍去右等之者形跡ニ就而論法候時ハ使命乞狀共可申哉ニ候得共其實を推究候得は畢竟君臣之大倫不明皇威之不被爲立を一途ニ憤懣致候忠誠之激發ゟ起り候儀ニ而偏倚斟酌之遠慮無之ト《本ノマヽ》者條

當代換作

神州固有之忠魂百折不撓之一正氣ニ御座候へは但御使用之順逆卽治乱

之機と奉存候依而今日事態御挽回ニ御猛省被爲在候上は只管原頭之名義上ニ御著眼被爲在度左も無之徒ニ威武を以御約束被爲成候樣之御事ニ而は隨而救へハ隨而亂レ到底御成効無之耳ならす終ニ不測之禍機を相釀此上生民之苦楚如何可有御座哉と不堪痛苦儀ニ付別紙鄙見之趣不取敢以書取申出候微衷御諒察繰々御裁擇被爲在候樣爲天下奉祈望候事

別紙

兵庫開港防長御所置之儀は既ニ御布告之趣も御座候得共勿論不日當然之御裁斷可被　仰出と奉恐察今更呶々不仕候得共熟天下之大勢を推察仕候處甲是乙非物情背馳追々不可濟之世態ニ逼迫仕候其原因は畢竟大義名分不明ニ而
御國躰壞頽致候より起り候義ニ御座候得は徒ニ枝末之瑣務ニ而已御注目被爲在肝心之大本ニ御反省無御座候而は到底時運御挽回之期は有御座間敷奉存候抑我　國は萬國ニ卓絕シ終古一姓君臣之大義は自然固有

決而不可誣義ニ御座候得は其自然之至理ニ基大義ヲ明シ分明ヲ正シ政
柄
朝廷ニ歸シ公平渾脫與天下群辟共ニ於
九重萬機御献替被爲在候而聊も矯
敕之嫌要塞之疑等無之樣御反省之御實跡相立申候而は斯まて壞頽之御
國躰乍恐迚も御維持は難被爲出來御事と奉存候乍併流弊今日ニ至り候
事一日之漸ニ無之候得は容易ニ御更張も難被爲出來歟ニハ候得共事此
ニ相迫猶も黨（マヽ）轍を被爲踏候而は全天下を御私有被成候筋ニ相當り
天朝奉恐入候次第況當今御國內之事件而已ならす外化之各蠻に御臨接
之折柄いつれニも人心一和確乎不拔之
御國本相立正大赫灼之御威信相輝候樣不被爲在候而は內外御不都合遂
ニ滔天之禍害を引起し被爲對
烈祖に候而も不被爲濟御儀と深痛心罷在候何卒御熟慮決然御猛斷被爲

在度泣血懇願仕候誠恐頓首

十月

○丁卯十一月三日今度御復政ニ付

紀州侯江戸赤坂御屋形ニ而　御譜代之御侯ニ御示被

仰出候寫

今度御復政ニ付

御擧御曠世之御猛斷

大公至誠之御英圖ゟ被爲出候御儀實ニ不堪感泣御次第ニ候併御連枝御

譜代臣子之面々ゟ論候へハ

九重御幼冲

輦下御動搖之折柄

御祖宗（イ宗祖）奕地之御大事（イ業）卒然一朝御辭解相成候段爭か座視傍觀し奉るへき

悲憤痛惋此事ニ候此上ハ利害得夫を不顧各爲

徳川氏益忠《イ君》臣之大義を砥礪し數百年之
御厚恩ニ報し候外無之儀と奉存候抑
東照宮御武徳を以天下を御戡定被爲在大ニ内外諸侯を封せられ候而《イ是》よ
り何れも君臣之分を守る事殆今三百年其功徳之隆實ニ前古以來御比例
も無之處近年《イ來》草莽不逞之徒姦説を蠱張し禍を蕭牆之内ニ醸し次第ニ御
羽翼を奉殺キ御孤立之勢ニ相成候より既ニ近年《イ來》計幕之企相唱《イ等》候ニ至り
亦一變して今日之御場ニ奉陷剩万石以上之進退は今日ゟ兩役ニ而取扱
候旨被
仰出且又召之諸侯上京之上ハ
王臣と相心得候樣
御沙汰も出候哉之趣實以奉恐入候御次第ニ而一旦右
朝命相下り候上ハ卽日
幕府と君臣之恩誼相絶候邊ゟ又如何樣《イニナシ》之異事出來候哉も難計實ニ寒心

之至ニ候夫子弟功臣を建立《イ置》し夫々大封を被宛行候ハ申迄も無之候得共
偏愛之御私情より出候義ニハ萬々無之斯る時こそ飽迄扶持匡救之爲ニ
被建置候處昇平數百年上下之情隔絶いたし君臣之恩義澆薄ニ赴御連枝
御譜代之向迄も各其民土を私し自ら開拓封殖し候心得ニ相成甚敷ハ從
來之姦說ニ籠絡せられ往々
幕府と君臣之大義を忘れ其御大難ニ臨ミ不計も不忠不義ニ陥り候も難
計近來國家御多難之折柄御親藩其外
天幕之間を周旋し聊臨機之御次第有之候も全
御祖宗之御大業御恢復之一途ニ出候處遂ニ臣僕之諸藩ニ御比肩之
德川家ニ被爲
成候御事實ニ冠履顚倒綱常拂地共可申嗚呼歲寒して松柏之後凋知誰か
幕府と君臣之大義を明し寧忘恩之
王臣たらんよりハ全義之陪臣と成益砥節奮武之目的相立候得ハ即依然

たる
德川氏被爲失御運挽回之期も可有之儀哉と被存候猶御深筭之御見込も可有之爲國家御示有之度事

十一月

○十一月五日水天宮參詣之人赤坂館前往還せしに留守居駕籠數拾挺表御門ニならひ小者等群をなせしハ此事なるへしと

○江戸薩摩屋敷之男女器械悉皆蒸氣船三艘ニ積込出帆せん期ニ至り
公邊ゟ御差留ニ相成候との事

○當主修理大夫京著上下千人と申事未其委細不知隅州（和泉ノ三郎事）九月卒去實之由猶可訂

○薩侯今般侯の鑰三本（平日地廻之品）計にて家老初鑰更ニなしと

○津輕の御請ニ
天朝ゟハ王政旣ニ御聞屆之上愚存御尋

幕府ゟハ御辭職御尋ニ而思存御尋一事兩樣之處既ニ御聞屆之上何をか
可申上所勞旁上京
御免奉願立とゝ《マヽ》いふ

○丁卯十一月十一日出京書狀

去ル朔日比ゟ彥根侯大津ニ止宿病氣之申立屆有之樣子乍去八日入洛之
由○春嶽侯も七日比入洛之由九日ニハ關東ゟ御旗本遊擊隊百人計も登
り候由右二條河原ニ而見申候九日西本願寺ニ參り紀州樣之咄承候處御
病氣ニ而御上京延引之御斷有之由なれ共又
朝廷ゟ病氣ニは候得共推而上京之旨御使參り候由ニ御座候
御所も五日比か揔參
內にて夜明ケ候よし當地之說王制は行屆不申只々先々　幕府是迄之通
と申事去なから慶印ハ一寸不都合之由風說此上ハ長州出京相成候ハヽ
込りものニ御座候諸藩下宿ハ取有之候得共出京ハ未無之何れ當月中ニ

は出京無覺束相見え申候

○十一月十六日出

大納言様今十六日より　御出勤被遊御同慶申上候明日　御參

内之様子ニ相見候

萬世狐丘義（原朱）禮記　一身馬革情（同上）馬援　閲墻憂迫璧（同上）詩經

被髪俗繁榮

王道餞逾細　私心鼎却輕　寄言同志子

齊攀、

皇京

書于同遊　　（肩書朱書）田宮　桂　園

○十一月廿六日出

廿三日五半時之御供揃ニ而出　御

天機御伺として　飛鳥井大納言様ニ

近衛様　柳原大納言様　二條様　德大寺前大納言様　一條様　日野大納言様　賀陽宮様　大炊御門内大臣様　九條様　長谷三位様　葉室大納言様　有栖川帥宮様　山階宮様　鷹司様　正親町三條大納言様　二條御城

右之通御廻り有之夜五ツ半比歸

御相成申候

○十一月二日夜江戸張訴寫

薩州之逆賊土州長州等を相謀り藝筑阿備雲等ヲ誑キ幕府を滅し天下ニ押領たらん事を欲し於京師將軍家をして政權を辭せしめ十一月四日五日之内御府内おゐて兵を擧諸屋敷幷市中を放火し江城を襲ひ恐多も和宮様を奪奉り天璋院様を竊取上野を騒して

日光宮樣を捕奉り品川海ニ浮置し蒸氣船ニ乘奉り薩奉移之謀略有虛說ニあらす
幕府之危急實ニ旦夕ニ迫れり聊も忠義之志有之ものハ不日ニ相會議して薩賊を鏖にすへし忠義の會主たる者ハ上野增上寺ニおゐて席を掃て待つ

十一月二日　天下眞之忠義士

右之通西之內紙ニ認十一月二日夜一石橋際迷ひ子知るべ石弁傳馬町三丁目繁吉地借乾物渡世半次郎店表戶ニ張有之

○落首

德川にかゝりし橋の中おれて
さきでつがふかもとでつがふ歟

○江戶表の落首

歩兵らが蝙蝠傘も見ゆるらん

鳥なきさとゝなりし吉原

此節の躰相を思ひ遣りうめき出し申候御一笑可被下候

又

鍬つきを照す芦花の歩兵等が

はひこるよりそ寂るよし原

○十一月廿五日出江戸書状

此節私より五丁程東南三拾軒堀町六丁目の新屋ニ清正公之御札降申候由ニ而参詣人多分候由承り申候此表も追々ふり可申候

一先々此表も穏ニ御座候併侍躰之者三十人又ハ五十人位徒黨盗賊多く尤町々は自身番致し候處其番所ニ賊参り富家へ案内を爲致若其家戸を不開時は外ゟ打毀し入五千両三千両又ハ九千両なとゝ奪ひ取去候得共今以壹人も不知多分薩州人なる由内聞有之候

一十一月十三(二歟)日夜三番町歩兵吉原邊ニ而喧嘩いたし十三人即死依之十四

日夜歩兵千人餘鐵砲を持參り吉原中家作打毀ち申候私も十八日ニ其跡を見物ニ參り申候十七日十三人の死骸検使相濟候由吉原之者はいつれも外へ立退申候

十一月廿五日

〇十二月大坂ゟ書状

大蒸氣船九艘灘浦へ參り薩州土州長州藝州夫々幅（幡カ）船印を立居其内東風强吹候ニ付西宮ゟ舟戻り碇泊致し候

（原朱）十一月歟

同晦日一度ニ船場千人余ミニーヘル筒持白四半ニ赤染ニ而小幅（幡カ）を銘々所持致近邊奔走致し候廿九日晦日従兵庫船上ケ五百人陸地上京之由

廿九日陸地奉行異人垂駕八挺ニ而上京之由

右は局之中三人十八日夜店へ參り松原幾太郎參咄申候

（原朱）是ハ別書ニテ京歟

十一月廿九日八ツ時奉行所ゟ局へ左之通
非席仕（支カ）度ニ付日夜調練可致旨申渡之事
○先般油小路一條ニ付色々浮説申候へ共兼而固先ニ差遣置申候□壹人
其局へ差戻被成候
（朱書）右二書共大略ニテ通シ難キ所多シ本ノマヽニ寫スト云
○智多郡大高村江生首降検使之濟迄出入七日程相懸り大ニ迷惑せしと
一説ニ同郡龜崎村大家庭江生首降しと
又江戸表ゟ交通之中ニ遠州にてハ女か降候事其余いろ〱吉凶之譯
等私相詰居候處江出入之醫師之話
又長者町之下とやらにて生首が降し故無是非旦那寺江葬り歸ると内
之旦那か死せし抔
又日置旅籠町米屋兵吉（酒肆なり御城御用達にて菊ノ井笹の露等召上ニ相成）宅江十五六歳の美
女降し由専ら風聞有之ニ或る日右兵吉江壹人尋ね來りて申けるハこ

なたは天降有之候美婦人拜見いたし度と申込候者も有之由聞ぬ

〇智多郡横須賀前家聞し處忘れし通船の中は見事成柿天降有しと數も聞しかわすれし由

丁卯雜拾録

四

○慶應三年丁卯

佛蘭西國博覽會ニ付日本ゟ御使として淸水民部大輔殿佛國江御渡海ニ付隨從木村宗三支那上海ゟ差越書狀

正月三日京師出立大坂江一泊夫ゟ兵庫江一泊五日八ツ時長鯨丸御船江乘組其日七ツ時兵庫出帆翌六日風波無之候付紀刕大島江一泊翌七日九ツ時大島出帆浦賀沖江一泊朝五ツ時橫濱江著致候民部大輔殿始一統船氣も無之無事ニ橫濱著致し候其日橫濱江上陸同港江二泊十一日朝六半時佛國飛脚船江乘組同朝四ツ時橫濱出帆十五日朝五ツ半時上海江著船致シ海上風雨も有之候へ共格別之事無之上海江一泊夫ゟホンコン江出帆之積りニ御座候下略

支那上海港ゟ

正月十五日

木　村　宗　三

二月三十日佛蘭西國ゟ木村宗三書狀

車ニしてト
アルベシ

卯二月廿九日佛蘭西領「マルセイル」と申港江著仕候人々安心致候船中も爲差風波も無之平穏ニ而　清水公御始御附添一統無事佛夷も大慶之至申出候事ニ御座候扨「シユエス」と申所ニ而蒸氣車ニ而「アレキサンド《マヽ》ウア」と申所へ參る所ニ「シユエス」ゟ二百八十里程有之夜六半時乘出し翌朝五ツ時比「アレキサントリア」江著實ニ其速成事驚くべし右蒸氣車ハ長サ壹丁計幅二十間程之平にて夫ニ間數澤山ニ有之凡人數五六百人も乘られ可申丸で一町内を○引あるき候も同樣之委細は歸國之上夫々可申上候右「アレキサンドリア」ゟ又々艦ニ乘り地中海と申之凡二千里程有之右海上六日ニ而「マルセイル」と申所へ著す此「マルセイル」と申所ハ先ツ日本の大坂にて大船五六百艘も有之唯々驚くのミ之家之作りハ三階ゟ七階ニ至る私共旅宿ハ七階ニ而六階目ニ止宿致シ居候下を見おろせば眩《メイ》暈致し候心地之里數凡三百里程も丸て大寺の如く宮殿とも申べく是ゟ「フランス」の都府迄ハ貳百五十里にして十七時の内ニ蒸氣車にて參られ候先

當地ゟ四日止宿三月三日佛都ゟ發足之積りニ御座候
○昨夜ハ土地一覽致し候夫ハ々々美々敷事ニ而下題文句ハ更ニ分り不申候へ共舞臺ハ花やかなる事例の「ガス燈と申燈火ゟ光明を取り梅花のほふつき提灯の形り滿面光明て白晝ゟ明か之役者ハ何れも婦人にて夫ハ〳〵美敷事之往來ハ車にて士官以上之者歩行と申は更ニ無之私共市中徘徊の節は何れも車にて參る之此度博覽會にて日本柳橋藝者三人參り候是も無事ニ而著致し候
○此節ハ魚も澤山ニ有之昨日ハ鯛。ヒラメ。メシ等調へ差身澤山給へ申候外々之事ハ何も日本ニ違ひ候事更ニ無御座候○食事ハ二度にて朝起キ直ニ茶出候四ツ時分朝食八ツ時分茶出七半時分夕飯夜五ツ時分茶出る而已なり尤食事の節ハ何も酒三通程出し申候乍去伊丹新川ニ參り不申候是のミには一統閉口仕候野菜物等ハ丸で日本ニ同し此節の氣候ハ凡ソ日本の如く先ッ綿入二枚位羽織遠山ゟハ雪降居候夏を貳度致し候事

迚打寄大笑致居候□事ニ御座候

○「アレキサンドリア」と申所ニハ驢馬多く此馬ハ小サクして駒の如し至而おとなしくして能歩行申候右馬ニ乘諸所見物いたし候人氣ハ至て叮寧なる所にて能く旅人の世話致呉候此節は少々咄しも分り坐右の用向ニハ困り不申候當年ニは通辨も出來可申と一統樂ミ居候○西洋ハ多くハ平地而已ニ而山少く外ニ色々の細工物も有之歸國之上は澤山ニ御土產差上申候○此土地ハ蜜柑名所ニ而御在所之唐蜜柑澤山有之候下略

卯二月三十日　　木村宗三

同三月十日書狀清水卯三郎

一書呈上仕候中略然は小生無事三月七日佛國パリ府ニ到著仕候間乍憚御安意可被下候博覽會場も未た火事出來ニ而全尾不仕候乍去英、亞俄度の器械等は大ニ相《集カ》始り驚歎仕候萬國之奇物名產一處ニ一觀仕候事ニ而誠ニ人智を增候儀ニ御座候扨日本を出帆致し候而三日は波高くして船動揺絶ず依而穏坐も難成候得共印度海ハ平地を行くか如くニ御座候乍去熱帯ニ而二月始ニハ盛夏之通ニ御座候釈迦佛之生所死所ゟも参り候得共誠ニ蓼（寥カ）々たる事ニ御座候此ニ大和尚貳人有いづれも剃髪ニ而黄金（マヽ）之布を身躰ニ巻キ肩と腕とを裸にしてとんと羅漢の如く月ニ四度説法ありといふ土人皆跣足なり大和尚も同跣足之土人皆佛帰依ニ而切支丹耶蘇抔之宗旨無之由此地擲（椰カ）子木檳榔子抔多くして皆是を喰ふ檳榔樹（子）を喰するニ依而歯黒く立派のなりをなしたる婦人ニ而も土足ニ而御座候役僧と相見へ浮屠宗英語を話するに依て色々通辨致し和尚大ひニ歓ひ候乍去土人ニ向へハ英の支配を受るものといふ抔々一致せぬニより人の支配を受るニ至ると我國も斯る事の末ニ至らぬ様致度いつれニも日本今日之様子ニ而は余程心配致さねハならぬ事ニ御座候佛國之事なとハ實話より大造に御座候一日「マルセール」ト云ところに宿し造船場へ参り候處實ニ驚入候「ケヘル林（本ノマヽ）炮□の山ありて軍艦輻湊中々驚に堪たり

日本も此位ニ武器を作るには今日之貧乏にてハ所詮六ヶ敷奉存候萬端歸國之上可申上候以上

卯三月十日　清水卯三郎

根岸御伯父様

伴七様

同五月十四日木村宗三書狀

五月十四日御用便ニ而申上候扨時候日本之三月比之如く大ニ凌能御座候中略扨公子ニも未各國御順歷無之矢張佛蘭西ニ御逼《マヽ》留ニ有之候然處近比ニ至り亦々日本ゟ外國奉行栗本安藝守參り候段御用狀ニ而申來候何れニも來月初旬ニは參り可申相待申候日本も相替儀無之趣承り安心仕候○清水公ニも當月十日外江御旅宿御借受ニ相成御附添一統引越申候何れニも見晴し宜敷御旅宿も至而よき宅ニ有之各國御順歷も栗本著

之上御決治ニ相成候積ニ御座候扨追々佛蘭西にも相列シ懇意之者も出來言葉も少々ツヽ相分り申候尤日々師匠參り晝夜稽古致候○先日は「ヲロシヤ」帝父子「プロイス」王父子英之太子其外諸國之使節相集り清水公ニも夫々御逢相成候然處佛蘭西ニ而陸軍勢揃有之佛之王都「パリス」ニ而凡六萬人之調練有之候其節清水公ニも調練相濟迄御覽有之候其節ハ宜暖《本ノマヽ》ニ有之候佛帝妃抔ハ座敷ニ而一覽有之候調練場凡三十町四方之所ニ而四方垣根有之誠ニ廣キ調練場之唯珍事ハ女兵ありて諸兵隊ニ水を呑セ色々と世話いたし候其出立ハ矢張兵之如くニ而脊中水桶を脊おひ居候○騎兵一萬人餘なり實ニ盛なるもの之大砲百六十挺之調練ニ而實ニ御國之調練抔はまヽ事遊ひ之樣ニ被思候「ヲロシヤ」帝「プロイス」王英の太子ニ而も驚キ居候由なりと下略

卯五月十四日　　木村宗三

鈷筆記ト申書ニ左之通

一佛國人ニ尋たる事ヲ記有之物之

一佛國は九十ヶ國餘下官より出てナポレヲンと申者大王ニ成諸大名を攻つぶし倍《マヽ》臣無之國々は代官を付置候而仕置をする之

一大軍艦六百艘

一陸軍百萬人　海軍二十五万人

一武官ニ大家無之武士ハ騎兵隊計其外ハ歩兵計り役人ハ農商之内ゟ學問其外万事行届候者を撰而役人とする之

王城有之候得共日本の如く成士屋敷ト申物無之候由

一役人は立身一代にして其子智恵無之候得共《はカ》願次第農商ニ下ル由士民といへ共智恵學問才能達たる者ハ追々出世立身して上官ニ成ルよし

一女ニ而も學問所ニ出て學問稽古する當時フランス都ニ女之學問修行千人餘有之所々ゟ屯集之由

右之書ハ至而長文にして佛國の政事を治罪人仕置士農工商までの仕向

を尋たる書之

○外國人神戸《カウベ》居留地取立之事

一別紙繪圖面ニ而朱色彩色せし塲所之内日本人ゟ外國人江家屋等相對ニ而貸す事勝手次第たるへし尤日本人好まさる時ハ無理ニ貸さしむる事をなさす

一別紙繪圖ニ黑色彩色せし場所ニ在來り之家屋等日本政府ニ而引拂海岸ニおゐて幅六間四尺以上之往來道を開くへき事

一右黑色ニ彩色せし所の地面を日本民下江貸與ふ外國人之用に相應なる家を建る樣申勸むへし尤家賃之義ハ家主共幷借り手双方示談ニ而定むへし日本政府も又同斷右地所ニおゐて來ル十二月七日ゟ普請取懸りすれバ其已後外國人自普請之爲貸與ふへし尤せり貸之法ニ而貸與ふへし

（數字朱書）
一地劵貸渡之代金を以外國之爲ニ右地所を用意する入費と償ふへし居留地を區々ニ分割し地住の好惡ニより多少の價を附惣金高ハ日本政府之

諸費ニ充る樣算勘すへし

右之仕法ハ惣入費高を元としせり貸ニ而外國人ニ貸與ふへし貸渡之替高是迄日本政府ニおゐて償せし元高ニ越候共其益金ハ前以費せし損金を償ふ爲日本政府後決定其上往來筋を開き下水を堀るへし

(朱書)二前條之通極めし外國人の爲に用意する地所段々塞り當地之場所入用之時ニ至れハ入用丈後之山根迄廣くし或ハ神戸町ニ而地所或は家作所持する日本人其望ニ任セ外國人ニ貸す事勝手次第たるへし

(朱書)三條約通り大(マヽ)ニおゐてハ家を貸か住居する爲之區々の場所繪圖面紅色ニ彩色せし所ニ取極めたり右區々之内家屋を所持する日本人貸す事を不好時ハ外國人之無理ニ貸さしむる事をなさす且又日本政府におゐて條約濟ニ地面を借り家屋を立へき法則同樣右繪圖人(マヽ)中ニ藍色ニ彩色せし場所自普請之爲に日本政府より貸與ふへし

右區面之邊ニ在る只今迄農業耕作して或處之地面を他之地面と平均ニ

築立川端に石垣を設け所用とする往來を開らき下水を堀所有之樹木を其儘不荒樣にすへし

（朱書）四右自普請之爲ニする地所段々塞り南地之地所入用之節ニ至れハ入用丈南之方は地續を以廣くすへし

（朱書）五兵庫大坂両所の居留地ハ當年十二月七日（西洋千八百六十八年一月一日）迄ニ外國人居留すへき爲上文之通無相違用意可致事

（朱書）六地所之劵書讓渡之代金を以外國人之爲ニ右地所を用意する入費を償ふへし居留地を區々之分割し勝手好惡ニ依り多少之價を附け捴金高日本ニ取置へし

外國人は貸與ふる地面ハ年々地税を收むへし外往來幷下水之修復居留地掃除常夜燈取錺り等之諸入費を加へ勘定すへし

一日本政府ハ來ル十二月七日迄甲と記せし場所ニおゐて外國人旅籠屋用ニ相應成家を急度造營すへし日本人ニ任す共外國人望之者あらハ外國

人ニ任スとも勝手次第たるへし
一日本政府ハ繪圖ニ乙と記せし所ニ運上所幷貸藏を造營すべし
一外國人居留場せり貸ニあらされハたとへ外國政府之用或ハ町人之社中其外普請他用之爲地面を貸し與ふる事有へからす且コンシユル出張所之爲め居留地の內外たり共せり貸の法ニあらずしてハ別ニ地所を貸與ふへからす

兵庫大坂規定書

兵庫港幷大坂ニおゐて外國人居留場之事ニ付此度取極めしヶ條之件々左之通り

一日本政府ニおゐて條約濟之外國人　兵庫之居留地神戶町と生田川との間ニ取極メ別紙繪圖面ニ紅色ニ彩色し有通り海岸より次第ニ高く水はけのよろしき樣尙以政府之諸入用ニ當る樣ニ勘定すへし右之仕法ハ入費元金之立を以て元としせり貸ニ外國人ニ貸與ふへし條約濟外國人ハ

右せり貸ニ而入用丈之地面を借受へし貸渡之金高是迄日本政府にて費せし金高を越る時ハ其差引益金有之前以費せし入用及その損失を償ふ爲日本政府ニ取置へし

（朱書）七大坂兵庫ニおゐて外國人に貸與ふる地面ニ付年々地税を納むへし右地税と只今迄日本政府へ納し普通地税ニ而外ニ往來幷下水之修復居留地掃除常夜燈幷取締之諸入用を加へ勘定すへし

（朱書）八大坂兵庫ニおゐて前文取極之外國人居留地之場所前々法則通りせり貸ニあらされハ日本政府ゟ外國之政府或は町人之社中其外何人たり共普請之爲其外他用之爲地面を貸與ふる事有へからす且コンシユル出張所の爲居留地の内外たり共別ニ地所を貸し與ふへからす

（朱書）九兵庫幷大坂ニおゐて外國人ニ貸し渡ふ〔マヽ〕る地面之入費元金可濟地税往來屋敷道下水堀之員數廣狹臨時せり貸する地面之多少せり貸之仕様幷せり同樣其外下文書載する墓地之設け方之儀は追而各國公使と商議之上

日本政府ニおゐて其法を定むへし

（朱書）十千八百六十六年六月二十五日江戸ニおゐて取極めし新條約書の法ニ傚ひ兵庫大坂ニおゐて外國人のいまた輸入税を納めさる荷物を入る爲インシユラニス火難請合之法ニ而藏ハ政府にて設け請合人ハ別ニ望之者ゟ任する事の出來へき樣ニ貸藏を日本政府にて設けへし兵庫ニおゐて繪圖面藍色ニ彩色しある場所にして貸藏其外政府の用地として除置へし且又堀かゝりたる滊（ママ）船場有之取除へし

（朱書）十一各國人墓地之儀は兵庫ニおゐては居留地之後之山邊大坂ニおゐてはズイケン山に日本政府より設へし掃除修復御入用居留人惣躰ニ而取計へし

（朱書）十二西海岸之港を撰ミ其居留地を江戸ニ而借家を定むる事有之各國公使江戸ニおゐて日本政府と相談之上決義すへし右之擧同港幷市中ニおゐて當地にて取極仕法に基き尚條約およひ新約書ニ隨つて施行すへし

下ヶ札字公使申立候ハ其條異なる說

兵庫及ひ大坂ニおゐて外國人ニ貸渡すべき地所の爲ニハ外國人日本政府ニ年々地代を拂ふへし而して其會計ハ外國人名代人と日本官吏との商議ニ依て是を定むへし日本政府ハ又街衢及ヒ溝瀆の滌圍ひ地掃除及ひ燭光所置又其地ニ住居する日本人の取締りを引請之取扱へし

右傳寫之誤脫不少他日佳本を得て校正せんと欲す

神戸《カウベ》　兵庫と湊川一條を隔たる而已よき街にして數町有濱邊ニ御軍艦所有勝房州開基なり癸甲間冬乙丑早春往來せり

同神戸《カウベ》尾ノ地名姓　神戸《カンド》尾ノ町人洞家（犬山ノカンベ尾ノカンド同家ノ由）　神戸尾ノ熱田地、濃ノ大河及驛

○近國人之筆記

七月廿二日出京ゟ

偖方今の形勢ハ追々御運ひ相成候由過日　上樣鷹司殿近衛殿前樣櫻御殿ト唱
被爲　成候由鷹司殿ハ何も御異存ハ無之候由引續八日ニ二條殿尹宮ヘ
被爲　成候筈之處御乘馬之節御怪我被遊候付御休メ當十三日と申候處
御延引今日迄不被　仰出候由此御兩家ヘ被爲成候ハヽ摠而御所置向判
然被　仰出候事と奉恐察候各藩ニ而も盡力之模樣ニ候堂上方も誰有而
議論致ス人も無之候由唯傍觀座視獨り三條殿を目さし候誠ニ御氣之毒
ニ御座候

一藝州世子紀伊守樣も御登　營之處先達而進達ニ相成候建白書面を以詰
問之處一言之申披無之甚不首尾併此頃薩州宇和島と日々出會之由御家
來懇々之談合も有之候由

一去ル廿日伏見通行之英公使越後新潟ゟ上陸大坂表ヘ罷越候由尤横濱ゟ
出帆船ハ越後ゟ兵庫ヘ相廻し候由右ニ付紛々異論生し候由伏見驛ニハ
一泊不相成候段從

朝廷御沙汰も有之且於　公邊も屹度差留可申との　御答書も出候得共
一泊相成候由何歟不穩形勢ニ御座候
一閑叟君も此比全快去ル十九日二條殿ゟ御參上相成候處何等之儀も不被
仰上脉《マヽ》文而已一言被　仰上候由當大樹ニは聰明英智才力共ニ備り國家
之儀　御委任被爲在候而宜奉存候と之
一明廿三日　御參內被　仰出候由會津侯ニハ御父子御同道之由外ニ相變
儀も無之只々小事ハ擧而不可言事共ニ候以上

七月廿二日

七月廿七日出京ゟ

扨形勢も大ニ變轉し大ニ御手順相立長防之御所置も近々被
仰出候半別紙御覽可被下候
上樣去ル廿四日御下坂三ヶ國之公使ゟ

御直御應接被遊今度ハ餘程御六ッケ敷御座候由乍然當春之節も外國公使共御英明と恐怖いたし候由仍之今度も御心配被爲在候得共御成功ハ屹度被爲立候御事と奉存候閑叟君も御暇出申候浪華　大城ニ而　御逢被遊候由是ハ外國人御應接之節之御補助被成候と之由ニ御座候今日之處別段申上候程之儀も無之候只々

幕府は公卿との御間彼是異論を生し餘程之御混雜之處漸々御纒め相成候由薩州殊之外評判悪敷併急度形跡も無之只々道路之流言而已御座候

七月廿七日

長防之儀早々寛大之處置可被取計旨從　御所被　仰出候付申達仕義有之候間末家之内壹人吉川監物外家老壹人上坂いたし候毛利家ゟ可被相達候

七月廿四日

右板倉閣老ゟ藝州ゟ御達

同七月

幕府ゟ御沙汰

兵庫開港御許容ニ就而は公正確實之立規則永久可有遵奉京地警衛嚴重申付畫地禁濫并大社之向々ゟ猥ニ立入等無之樣碇と可加制度候事

七月

「八月九日出

將軍樣先月廿一日佛船ニ而御應接調練上覧御差添御手自佛郎察ミニストルゟ被下候由乍然何歟六ツケ敷事申出候との旨風説有之候

「八月十八日附

彌御安泰奉賀上候然ハ別紙入貴覽申候島津宇和島之伺書如何思召候哉

天幕おゐて餘程御面倒筋ニ可有御座候半歟此末如何相成候哉と被案
思候事ニ御度候ト云々

八月四日

傳奏衆ゟ四藩ニ御達

兩事件銘々見込遲速之異同は有之候得共大樹幷大藏大輔伊豫守參
內之上寬開之歸著ハ同樣ニ付御取捨之上被仰出候尤其節之模樣ハ大藏
大輔伊豫守承知之由候間委細大樹ニ可承合候事

同六日

隅豫二刺史伺書

先般兵庫開港御差許振事實顚倒仕候樣猶又奉伺趣ニ御座候處兩事件銘
々見込遲速之異同ハ有之候得共大樹幷大藏大輔伊豫守參
內之上寬開之歸著ハ同樣ニ付御取捨之上被仰出候云々御達之御書面奉
拜見候防長之儀ハ大膳父子官位復舊平常之　御沙汰ニ被及幕府反正之

實跡顯然たる上ハ天下之人心安堵仕國內一定之基本も可相居筋ニ御座
候得は第二外夷之事ニ及兵庫開港事務相當之御所置相成相候而順序可
相適との鄙見御座候得共固より寛開之歸著ハ同樣ニ而更ニ異儀無御座
候得共順序遲速之異同ハ瞭相知レ候義ニ御座候處其段は趣意徹底被爲
聞食置候由難有奉存候就而は當節上京之四藩も同樣申上候間誠不被得
止御差許相成候と之御文言益以的當不仕何等之儀申上候而不被得止
御差許相成候之廉ニ可有御座候哉御取捨之上公裁之御旨趣一圓安堵難
仕當惑之至ニ御座候其節之模樣大樹に可承合
御沙汰ニ御座候得共不容易
朝議之樞機筋違ニ可承合道理ニ無御座
聖諭之趣ハ奉恐入候得共前文之次第柄ニ而は御請可奉申上條理辨別難
仕ニ付不顧多罪奉伺候以上

島津大隅守

八月六日

伊達伊豫守

案ニ國内諸侯之不和ゟ外國之覬覦を開く此不和を起し候諸侯ハ忠歟不忠歟識者ハ是を辨せん

敕命を彼是奉伺候ハ禮歟非禮歟

幕府反正等の詞ハ聞ニ不忍之又風説ニ閑叟老侯申上らるゝハむかしより朝敵と名の付候ハ伐ニ極りし事にて殊更院宣令旨なとを帶して彼に君と立たるもなく過激の廷臣脱走して在のミ老拙此他存寄無御座と被申上しといふハまことゝ歟

「八月廿六日夕刻柴崎吉右衛門

京ゟ早追ニ而到著

戸田采女正

兵庫開港ニ付大坂表ニ夷人居留地御取開ニ相成候間大坂表取締被仰付候事

八月

右ニ付同廿七日朝五ツ時ゟ御家老初諸御役人登　城今夕歟明日之内一之手御人數出進方被　仰出三日目位ニ出立ニ相成候由

但一之手隊長河島岡之丞平士頭之軍馬奉行小原兵部御年寄高岡三郎兵衛其外追々被　仰付候小原ハ九月朔日出立と申事

「八月薩州宇和島建白御採用無之ニ付國元ニ引拂之由風説す

「八月去寅年成戸村堤切レ入水ニ付右御普請御入用金壹萬両も御入費之處實ハ三千両程ニ而普請致し其餘ハ御役人御百姓之惣代等引込候事穩密入込居委細探索して

公邊ニ言上ニ付坂某と申御役人揚り屋入と申事其外笠松御郡代岩田鍬三郎様堤方六七八御百姓惣代數人江戸表ニ被　召此節御吟味中之由笠松元〆ハ江戸出立前ニ御百姓ニ六七百両も賄賂被返候と申噂有之是迄

笠松之驕奢甚しく酒ハ菰冠り貯へ料理人を抱へ豆ゆで温飩などハ美淋と水と四分六分にて湯煮いたし被食候よし且又笠松ニ東本願寺懸所親〔新カ〕規ニ出來良田を潰し是等ハ御法度之事なるに矢張賄賂にて出來候と相見候今度江戸御役人貳朱壹ツも受納無之御百姓御法通被行候外無之と申越候由

右近國人之筆記寫之

〇慶應三年卯八月八日因州侯ゟ使者三次半次小泉十兵衛を以若年寄格永井玄蕃頭殿江差出候建白

慶德每々愚存及建白候段恐惶不少候得共

御懿親之末ニ罷在路次之巷說ニ御座候得共近來之說話拜承候而は實ニ

傍觀坐視難忍元來

幕府ニは

先朝非常之御寵遇を以御再職被遊殊ニ

御本家御相續被爲在候段乍恐飽迄も被爲誓神明
先朝御繼述
幼帝御補佐被遊專攝政殿御始要路縉紳ゟ御力を被爲添官武御一致ハ申
迄も無之屹と
神州御維持東西諸侯御羈縻被遊外夷を封《討カ》して內ヲ修候こそ
幕府之御本業ニ御座候處素ゟ
御卓識御活眼之上被爲行候義ニは可有御座候へ共當時之御事蹟凡庸不
肖之慶德等ニおゐてハ內外側面候樣相伺上侯伯ゟ下匹夫ニ至迄
幕府は外夷有ヲ被爲　知食我
神州有るを不被爲　知食抔申なし候段遠く中國西國は申迄も無之關東
御膝下之士民迄も萬一怨望を生し候樣相成申間敷共難申實ニ以恐入候
次第
幕府候幼年之比乍憚御同舍ニ成長仕候不肖慶德迄も

天朝は不及申侯伯以下庶民ニ對し實ニ失面皮日夜不堪泣血慙懐佗日黄
泉之下
源烈公ニ面謁致し候時此場合傍観置〔罷カ〕在候而は申譯も無之候ニ付重而言
上仕候段
幕府之御失德ヲ筭ニ相當不敬不禮其罪不少候得共何卒天下衆庶之向背
ニ屹度御心ヲ被爲留
天朝御尊奉筋之儀も徒ニ目前鎖細之禮節而已不被爲拘眞ニ　御尊奉筋
被爲立外夷御接待振之儀內外彼我之分屹と相立殷鑒不遠清阿片之乱ニ
有之覆轍ヲ不被爲踏候樣仕度尙御政躰邊之儀ニ堂々たる
征夷府ニおゐて目前一箇之小利ニ御眼ヲ被爲附候而は却而不日大害ヲ
被爲招候媒と相成譬百萬之大軍御編制相成候共於
幕府被爲足候儀とは努々不奉存仰願くハ
神祖之御事業ヲ不被爲失ハ井伊酒井以下御普代ハ不及申大藩ニ至迄御

手足之如ク御指揮被爲在水火をも不厭程之御基礎相立不申候而は不相成候處却而旗下之諸侯迄表向奉命罷在候而も其實向背難測儀恐入候次第ニ付此上は飽迄も御自省被遊御虚心ヲ以衆議被聞召内外と御基本被爲立屹と御所置有之度兼而源烈公御教戒被申上候義慶德耳底ニも今猶殘り居候得は幕府ニも御忘却ハ被爲在間敷御攝政之砌旁以諸事ニ厚く御心ヲ被爲竭候樣泣血悲歎伏而奉冀候何卒御反正之御實蹟一日も早ク相伺候へは誠ニ以冥加之至ニ奉存候不遜之罪賜嚴命候共素ゟ甘心スル處ニ御座候誠恐誠惶頓首

謹而呈　執事

○卯八月四日附長崎表出帆九月三日著府來狀之寫

御軍艦出帆ニ付一翰呈上仕候中略然は御地筒袖大流行之由花々敷類出來之趣何方も同樣歟同港迚も矢張同樣日々唯々時之流行形樣ニ而已押

移實術は至而未熟といへ共風俗ニは實ニ目を驚計ニ候扨當表相替儀も無御座候得共彼之切支丹之事計當節追々御吟味相成候へ共何分ニも改心之躰更ニ無之千余人之輩一命を捨居候樣子ニ奉存候余程異成事傳習致候哉其扁中々以改心可仕樣子無之如何樣之御所置ニ相成候哉と相待申候且又當港地役人御改革ニ付夫々御暇ニも相成候人も有之是迄乙名と申唱居候地役人調役並被　仰付百俵高ニ相成定役抔ハ候差下シニ相成申候其外町司抔も不殘同心と相成是迄拾人扶持位之處三人扶持位ニ相成難澁至極之樣子市中抔も浮雲之心地ニ罷在候由鎗鈬隊炮隊組は先ッ是迄之通ニ候へ共是又當暮比ニは御廢止相成候由西風東風人氣區々ニ而兎角不居合矢張大隅守殿上京は右事件ニ有之候

右能勢不評判之落首ニ

乞喰のけふ《京》の土産に改革《カク》馬鹿《バカ》利《リ》

一六月廿一日於丸山筑後屋ニ英國人貳人被切殺右切殺候人ハ何國之者ニ

御座候哉一圓手掛不相知依而ミニストル六ツケ敷事件申立後ニは軍艦差向候抔と申觸夫故谷津勘四郎（調役公事方懸りニ）京師に出帆未タ歸港無御座候右種々之事件ニ而世話敷夜分三時比ニ無之候而は寐入兼中々新聞等探索之間無御座御遠察可被下候寂早當港も前件之次第故在留は無益之事と存居候此度大隅守殿歸港ニ付御咄等も伺候處京師何歟取込且又少身之連中追々退身町人ニ相成候人も有之由歎ケ敷事ニ御座候各國人益々盛之樣子ニ相見へ申候長防當時至而平穩再發之樣子更ニ相見へ不申候へ共中々氣を安んする事不能何歟外國へ書翰差遣候抔之風聞も薄々有之候事實說之由彼是何となく不案心之形勢ニ御座候少々手透ニも相成次第探索向出精可申上不取敢時候伺迄云々

卯八月四日出　長港　拜

江府　梅兄

猶々前條英人切殺人は土州脫走人抔と申說も有之候へ共實事一圓相

分り不申候云々

○卯八月十四日於京師板倉侯ぇ差出候書付寫

原市之進

梅澤孫太郎

此者共儀元水藩にして　源烈公ニ奉事し先哲之間ニ交り兼而尊攘之大義を乍講究當時顯要之地位ニ居り奸謀を逞し剰今度兵庫開港之儀ニ付恐多も

先帝之叡旨も不顧

天聽ヲ欺罔し奉り我　君ヲして

勅許ヲ要し奉るの擧に至らしめ

源烈公之遺旨を奉し我

君を輔弼し尊攘之盛擧あらしめてこそ至當之儀なるに一死を惜ミ己の榮利を貪り苟安ヲ旨とする件々不少臣等之多言ヲ待ズ國体を破壞所ㇾ惡

必誅之義ニ原キ今身を以て當之上ハ
先帝在天之靈ニ謝し奉り中ハ
君家之汗《汙カ》辱ヲ雪キ下ハ衆人の所望ニ答ルナリ天下有識之士幸ニ此ヲ評
セヨ

慶應三年丁卯八月

陸軍奉行（朱書）竹中丹後守支配（朱書）
幕府小臣
鈴木恒太郎
同　豊次郎
依田雄太郎

逆賊此輩之如キ者上下ニ不少今此擧
先帝之神靈ニ奉謝
君家の汗《マヽ》辱ヲ雪キ衆人の所望ニ答る萬分の一ニ當ルニたらす唯同志戮
力之少きを憾るのミ實ニ臣子報國之微衷也此志を諒する事を我ニ後る

〻諸士ニ請ふ
執政松山侯閣下ニ奉ス小臣等逋逃罪餘之軀を以て敢て斧鉞を專ニ致候
義不畏
台威ヲ所業奉恐入候得共今般兵庫開港
敕許ニ相成乍恐
神州命脉之斷絕ニ可相拘義ハ素ゟ
叡慮も被爲在且
天祖以來之明典地ニ墜チ堂々たる華夏數百萬之生靈ヲ蠻貊之正朔ヲ奉
し候樣ニ成行候世徒ニ傍觀坐視仕候而は臣子之分於大義難相立不得止
開港之儀專ら周旋致シ
天聽ヲ欺罔し奉り候奸臣原市之進梅澤孫太郎等ハ實ニ誤國之逆賊ニ御
座候間不顧微軀ヲ當之以て
先帝在天の

神靈奉慰所之微志ニ而閣下先年來國家之御爲厚御苦心被爲在有志之徒御依賴申上候處今般之大事件ニ至り候而は一言之御諫諍も無依然奸吏と共ニ御在職被爲在候義如何成御深慮臣等區々之至情被察
皇國之明典君上ニおゐても
先帝之御節義
御祖宗樣〻之御孝道相立候樣以死御諫諍有之度是臣等臨死閣下ニ一言ヲ奉候儀ニ御座候威嚴ヲ于瀆恐惶懇迫之至ニ不堪閣下裁㆓度之㆒

慶應三年丁卯八月

鈴木恒太郎庸中

同　豊次郎宣德

依田雄太郎直守

頓首

右は先達而中風評仕候京地おゐて

幕府之監察《ヲメツケ》を殺害之閣老松山侯ゟ自訴之上切腹仕候よし右之者之書之由知己之者ゟ借り寫し取差上申候誤字脫文可有之候間此段奉謝候

以下二十一行朱書

陸軍奉行竹中丹後守支配

板倉ニ而切腹　鈴木恒太郎

遠山鐐之進

同門前ニ而死　鈴木熊次郎

依田雄太郎

行衞不知　鈴木豐之進

御目付

卽死　原市之進

原市之進家來

於宅手負　安達啓之助

手負　小原太二郎

同　　　宮原新吉

八月廿二日於京都申渡

元御目付市之進厄介甥
本高百俵　原那珂三郎
名代　小堀右膳

思召を以被
召出市之進家相續被
仰付小普請入被
仰付之
右於菊之間替席伊賀守申渡老中列座若年寄中侍座

誠惶誠恐謹而建言仕候
天下憂世之士口ヲ噤シテ敢テ言ザルニ至候ハ誠ニ可懼時ニ候

朝廷幕府公卿諸侯旨趣相違之狀有之似タリ誠ニ可懼之事ニ候此二懼ハ我之大患ニシテ彼之大幸ナリ彼ノ策於是乎成矣ト可謂候如此事態ニ陷リ候ハ其責至竟誰ニ歸スヘキヤ併既往ノ是非曲直ヲ喋々辨難ストモ何ノ益カアラン唯願クハ大活眼大英斷ヲ以テ天下萬民ト共ニ一心協力公明正大之道理ニ歸シ萬世ニ亘テ不耻萬國ニ臨テ不愧ノ大根抵ヲ建テザルベカラズ此旨趣前月上京之砌ニモ追々建言仕候心得ニ御座候得共何分阻《マヽ》當之筋ノミ有之其內不圖モ舊疾再發仕不得止歸國仕候以來起居動作トイヘトモ不隨意ノ事ニ成至リ再上之義暫時相調不申候ハ誠ニ殘憾ノ次第ニシテ只管此事而已日夜焦心苦思仕罷在候因テ愚存之趣一々家來共ヲ以言上仕候唯幾重ニモ公明正大之道理ニ歸シ天下萬民ト共ニ
皇國數百年之國體ヲ一變シ至誠ヲ以万國ニ接シ
王政復古ノ業ヲ建テザル可ラザルノ大機會ト奉存候猶又別紙得度　御細覽被仰付度懇々至情難默泣血流涕之至ニ不堪候

慶應三丁卯九月

松平容堂

誠恐誠惶

稽首再拜

宇內ノ形勢古今ノ得失ヲ鑒ミ伏惟

皇國興復之基業ヲ建ント欲セハ國體ヲ一定シ政度ヲ一新シ

王制復古萬國萬世ニ不耻者ヲ本旨トスヘシ奸ヲ除キ良ヲ擧ケ寛恕ノ政ヲ施行シ

朝幕諸侯齊ク此大基本ニ注意スルヲ以テ方今ノ急務ト奉存候前月四藩上京仕一々獻言之次第モ有之容堂儀ハ病症ニ因而歸國仕候以來猶亦篤ト熟考仕候ニ實ニ不容易時態ニ而安危之決今日ニ有之哉ニ愚慮仕候因テ早速上京仕右次第一々乍不及建言仕候志願ニ御座候處今ニ到而病症難澁仕不得止微賤之私共ヲ以テ愚存之趣乍恐言上爲仕候

一天下ノ大政ヲ議定スル全權ハ
朝廷ニ在リ乃我
皇國ノ制度法則一切萬機必京師ノ議政所ヨリ出スヘシ

一議政所上下ヲ分チ議事官ハ上公卿ヨリ下陪臣庶民ニ至迄正明純良ノ士ヲ撰擧スヘシ

一庠序學校ヲ都會地ニ設ケ長幼ノ序ヲ分チ學術技藝ヲ敎導セザルベカラズ

一一切外藩トノ規約ハ兵庫ノ港ニ於テ新ニ
朝廷ノ大臣ト諸藩ト相議シ道理明確ノ新條約ヲ結ヒ誠實ノ商法ヲ行ヒ信義ヲ外藩ニ失セサルヲ以至要トスヘシ

一海陸軍備ハ一大至要トス軍局ヲ京接〔攝カ〕ノ間ニ造築シ
朝廷守護之親兵トシ世界ニ比類ナキ兵隊トセンヿヲ要ス

一中古以來政刑武門ニ出ツ洋艦來港以後天下紛紜國家多難於是政權動ク

是自然ノ勢也今日ニ至古來ノ舊弊改新シ技葉ニ馳セズ小條理ニ止マラズ大根基ヲ建ルヲ以テ主トス

一朝廷ノ制度法則從昔ノ律制アリトイヘ圧方今ノ時勢ニ參合シ間或ハ當然ナラサル者アラン宜其弊風ヲ除キ一新改革シテ地球上ニ獨立スルノ國本ヲ立ヘシ

一議事ノ士大夫ハ私心ヲ去公平ニ基キ術策ヲ設ケズ正直ヲ旨トシ既往ノ是非曲直ヲ問ハス一新更始今後之事ヲ視ルヲ要ス言論多實功少ナキノ通弊ヲ踏ベカラズ

右ノ條目恐クハ當今之急務内外各般之至要是ヲ捨テ他ニ求ムヘカ（マヽ）キモノハ有之間敷ト奉存候然則職ニ當ル者成敗利鈍ヲ不顧一心協力萬世ニ亘テ貫徹致候樣有之度若或ハ從來之事件ヲ執リ辨難抗論
朝幕諸侯互ニ相爭之意アルハ尤然ルヘカラス是則容堂ノ志願ニ御座候因而愚昧不材ヲ不顧大意建言仕候就而ハ乍恐是等ノ次第空御聽捨ニ相

成候而ハ天下ノ爲ニ殘懷不鮮候猶亦此上寛仁ノ御趣意ヲ以テ微賤ノ私
共トイヘ𪜈
御親聞被　仰付度奉懇願候
　慶應三丁卯九月　　松平土佐守內
　　寺村左膳
　　後藤義(イニ庄)次郎
　　福岡藤次(イ吉)
　　神山左多(イ兵)衛

(朱書)
右閣老板倉侯江建議

○極密
　慶應三丁卯五月十五日宗對馬守家來差出
朝鮮國より去月六日書翰差出當時御用中之御事ニ候間急飛脚を以申遣
候ニ付則別紙書翰寫　御披見ニ差上候尤右書翰差出候節申出候而は當

春彼國ゟ北京江之使節罷歸候處北京ニ而之風說ニ上海ニ罷在候日本人八戶順叔と申者申候は江戶政府船務將軍中濱万次郎と申人上海ニおゐて火輪船八十艘餘製造近々歸朝之上江戶表江惣諸侯會合朝鮮御征討之御企有之由申出候就而ハ國內流言浮說喧敷人心不穩候ニ付早々及御告知御報書を得取鎭度との大意を以書翰差出候ニ付相請取對馬守役人共ゟ相答候ニは異聞之次第御承知ニ至り御懸念之程深致諒察候我國之者近年上海を令往來候義は相違無之乍併本邦と貴國ニ於ルは御親睦之久敷三百年ニ相及誠信情誼之敦他之可比ニ無之殊更唇齒之兩間聊暴破無道之

廷議可有之樣無之尤方今宇內之形勢ニ付而は洋人我邊民浮浪過激之徒を銜自然兩國離間之狡謀を相巧候義有之間敷共難申是等之邊兼々　本朝ニおゐても

御懸念之事候處果而今日貴國之煩相釀し何共氣之毒成次第ニ候旣ニ

公廷被
仰出之御旨及御旨談候通向後御互ニ赤心を吐両國益誠信隣睦を厚くし
唇歯萬世相保候時務緊要之事ニ候仍而は通商貿易之道ニ至り物禁規則
を立置候ハ平常無事之事にして富國强兵唇歯相保候良策ニ無之依之自
今膠柱偏固之設禁を除キ彌有無相通し候ハ素より其他交際之法則時務
之便宜ニ隨ひ是を變革し両間永ク休戚を可相共候
公慮ニ出而此上厚御隣誼を結ひ候御趣意ニ候得ハ猶右邊之處追々及御
示談候含ニ有之然は此度前件異聞之始末虚誕妄説不待論議と被存知候
尤御書翰ハ早速本州ヘ差遣東武ヘ差上御返答可及旨相答置申候右之事
件宜御聞取被成下
御返翰差出方ニ至り此節柄速ニ
御沙汰之程奉願候之樣對馬守申付越候依之此段奉申上候以上

宗對馬守內

五月十五日　　古川治右衛門

今度於朝鮮國書翰差出候節彼國詰役人共ゟ之内話探索之次第左之條々兼而

御内命之御旨も有之候ニ付奉添

御内聽候

本州西洋人と相謀り近々朝鮮を討之異説專有之候は則來翰中ニ有之候通八戸順叔と申者於上海暴言相發候所ゟ之義と相見併此度右之事件具ニ及御告知候は卽今和議御取扱被下置御用件之御運ニも至極宜哉と奉存候此機會を不失速ニ彼國致鎭靜候返翰相渡置其上ニ而近々御役人樣

國書御持參御渡海方之儀懸合

御使節欵待仕候樣盡力之道も可有之哉奉存候事

一彼國之形勢探索仕候處亦々壬辰兵乱相起り可申哉と種々樣々之流言被

相行四民廢業老幼婦女ニ至り候而は遙遠之地に引籠候手當仕居候哉ニ
相聞に申候事

一彼國之義佛人戰鬪之後方今宇內之形勢示諭及和議御取扱方本國に御依
賴申上可然段彼國居込之對馬守役人共ゟ追々相諭罷在候得共未爲聢返
答不申聞內實和戰之策未一決不仕と被相考其內上海之風聞ニ而本邦を
疑訝仕居候廉も可有之且即今北京上之交誼ハ更ニ眞實を相盡居候交共
相聞不申既ニ此度之事件早速以書翰及御通報候所ニ而は結局本邦に御
依賴申上候深意相違有之間敷相見申候事

一彼國之役人共ゟも今度之書翰速ニ東武に差上脣齒之國柄一日も早く國
內鎭靜ニ至り人心安堵仕候樣之
御返翰速ニ御差渡被下候樣偏ニ依賴候段申出候事

以上

朝鮮國禮曹參判李治應奉書

日本國對馬州太守拾遺　平公閤下

花煦舒長緬惟　啓處口裕遡誦無射弊邦與貴國隣港之衣帶只隔汛驛之

冠蓋相來二百餘年之間講和修好無續附替今春節使自北京回言得聞傳說則有

日本國客人八戶順叔　日本江戶政府督理船務將軍中濱萬次郎前特至上海製

造火輪船八十餘艘近日己《已カ》啓行回國國中共有二百六十諸侯至江戶會同議

政現有興師往討朝鮮之志八戶順叔者不識屬籍爲師狀人之的在

貴國既不可詳流寫之現因何事又未必詰而竊怪其毬《ママ》造衛足誣

咨意請幼公肆流播無所顧畏揆諸事理寔是窮究不得者矣

兩國之誠信日星可鑒

先祖之條約金石可透百神共證不諭之盟

万世方邀無量之福判可當以一時驟聞之謊說遽認實際然義在永好茲庸臚

述耳聞披展衷曲幸將右項事東武

賜賜覆音是所深企肅此不備

丁卯年三月日

禮曹參李治應

帳面之銘

禮曹參判報異聞書

○卯七月十日於北番所與力外國方調役立合申渡ニ付請書

御請書奉申上一札之事

一ホテル《旅宿》大小五棟程幷アンテルホット《貸土藏》運上所共御取建波土場築立澪浚《ミヲサラヘ》地

高下平均等自分入用を以引請諸事任御差圖取補理可申旨

但御殿山ニ有之候佛國立物幷回漕所御拂下ニ相成候ニ付右をも相用

不苦旨尤御拂代一時上納ニは不及旨

一於ホテル可相用候諸具器物取揃候上旅客取扱候儀西洋人ゟ相賴可然旨

右御尤ニは候得共私共おゐて事馴候御國人を召仕私義ホテル亭主心

得申度奉存候
一ホテル繪圖引拂二百トル差遣候趣且右取建候節西洋人見廻り世話役致
呉候者ゟ入費高百分五を差遣可申筈近々御引合之上右繪圖引拂共合千
トルニ被成下旨
一ホテル并アンテルホット等之地代往々上納且旅客之多寡ニ應し追而冥
加上納可致候
右之通被　仰渡承知奉畏候依之御請奉申上候以上
新石町壹丁目
勝五郎地借
喜右衛門
卯七月十日
家主勝五郎
五人組茂八
深川島田町

五人組地借
源藏煩ニ付代
健　　藏
五人組　友次郎
同　　三郎兵衛

町御奉行所

右は當月十日取拂被　仰付候銕炮洲船松町貳丁目十軒町引拂跡ゟ御取立被　仰付候

右之處八月ニ至り又々十軒町御見合ニ相成靈岸しま松平越前守様御下屋二千坪御用ニ付被召上候付此所ニ相成申候由

○七月大坂ゟ書状之内

昨日當地

御靈宮神前神鏡ゟ夷人之姿相移り居るを子供見付出し口々申觸候得は

追々人々見ニ參り大混雜神主夫ゟ神前ニ參り御祈禱いたし候得共右姿消へ不申奇怪成事ニ御座候昨晝後ゟ七ツ時比ニ至り市中大評判ニ御座候

七月廿七日

○七月廿七日町方訴書

上野仁王門前御家來屋敷
家主 松坂屋
料理茶屋 源七
下谷數寄屋町利兵衛店
平兵衛後家
かつ養女
きん事 里江
同人利兵衛後家
たみ養女

四人共

女藝者

すみ事
三吉

同町揔兵衛店
八十右衛門女
こう

同人店長吉娘
しけ事
小蝶

右は昨廿六日夕八ッ時比佛蘭西人三人掛り衆九人程附添源七方ゟ罷越
前書名前之者共呼寄セ夕七時前相歸申候尤源七方之酒食は一切給不申
候自分持參之酒幷菓子様之物給候迄ニ有之候右酌人ゟは壹人前金三分
ツヽ小蝶義ハ氣ニ入候由ニ而別段金壹両貰請席料金壹両壹分差遣申候
但三味線を爲引申候
右之趣及承候間此段申上候以上
七月廿七日

○八月十五日出京都ゟ之書状

昨十四日朝五ッ時比町奉行西組屋敷御目付原市之進旅宿ゟ何者共不知両人踏込月代刺《剃カ》居候處を後ゟ切掛ケ首を取其儘立去り西町奉行屋敷當時板倉伊賀守屋敷をさして迯行候を市之進家來三人ニ而追掛伊賀守殿屋敷前にて追付爭戰ニ及ひ無難両人を討取主人之首を取返し右両人之首級も打取旅宿ゟ引取候由相手方何者共不分

一説ニ御家人歟

遊《本ノマヽ》撃隊歟　依田《本ノマヽ》大助倅

又は　鈴木某と申

右之内上書樣之物所持致し居候ニ付御取上ニ相成申候

文言未知

○江戸表ニ而御用番ゟ差出候伺書

私共組鈴木恒三郎外貳人義當地脱走京都ゟ罷越乱妨相働候段奉恐入候

依之差扣之儀奉伺候以上

八月廿三日

駒井甲斐守
藤澤志摩守
合原左衛門尉
戸田長門守

付札　先不及差扣候

○八月巻説

今般駒場野原外國人大砲傳習場ニ相成爲御足《タシ》地同所地續代田村代々木村下北澤村田畑百姓家御用地ニ被召上百姓及退轉候由ニ而一同騒立晝夜農業不致百姓共相集り其筋役々案内御用相勤候駒場原番人悉打毀候由右ニ付御代官手附手代爲御取締同廿二日出役有之候處右を承り百姓共棒竹鎗等持寄り多人數相集り罷在鎮靜致し兼候趣ニ御座候
右風聞承候儘申上候以上

八月廿五日

大坂今橋中橋筋西ゟ入鴻池善五郎土藏ニ張有之半紙二枚つゝきニ而張有之書付

横濱開港以後

幕府奸曲之事夷狄之賊徒致隨頃屢暴政之所業有之近來無余儀時勢ニ相成候而も前非不厭再ひ兵庫開港之儀を取結ひ候有様國家之大事を不辨無勿躰も

上は

先帝之御補靈を奉背中は諸侯之存意ニ違ひ下は塗炭之苦ミを不顧不容易事件頗暴惡無仁之至不屆至極之取計此儘差置候而は天下之大害ニ相成候ニ付今般薩長土之三藩義士申合右等之奸賊追々遂天罪可令誅戮者也

一當地市中ニ奸商共猥ニ非道之高利を貪唐物取扱候奴等一々遂吟味奸罪可致者也

卯八月廿八日

一此張紙取捨候ハヽ兼而隱目附付置候間取拂候者ハ跡を付置後日曲事たるへし

一京都西本願寺御家中内凡三百人計り申合彌々兵庫開港相始り候ハヽ先帝之思召ニも違ひ候事故右申合之銘々兵庫表ゟ出張異人不殘打拂可申心組之處公邊ゟ露顯致候付此節右人數之内頭取十六人被召出御調中ニ御座候實ニ御門主樣ニハ御存知無之儀ニ而家中計り申合候哉と相見へ申候右ニ付迚も兵庫開港ハ六ッケ敷出來不申と奉察入候追々神國之難有さ相顯れ申候以上

八月

町中江大急御觸書

伊勢両

宮初所々神札等降候町々心得方之儀兼而爲申通置候通全神佛を尊敬神酒等相備候儀ハ其通候得共右ニ事寄難澁之者迄家毎ニ集錢等致し多人數寄集り遊與ヶ間敷所作而已ならす他町迄も相騒し并往來之差障等無辨別之取計筋も有之哉ニ相聞以之外之事候條尊敬淸淨之主意專要ニいたし心得違無之樣追々觸示置候趣をも相辨不束之所作等致間敷候若背候ハヽ追々ニ取訂急度可申付事

九月十日

他所江猥ニ相越候儀は不相成旨等追々觸渡置候處當節神札等降候町々神佛尊信之儀は勿論之事候得共禮參抔と唱互競ひ合花美之衣服物數寄遊與同樣申合他所諸神佛等江相越候儀は決而不相成候若相背候者有之

候ハヽ急度可申付候其内事實信仰筋等無余儀子細有之相越度者は其段申出可任差圖候

右之通町中幷寺社門前町續端々迄不洩樣可觸知者也

九月十七日

昨廿六日朝觀音之像幷守札金錢等入候守袋一ツ傳馬町之内ニ有之候取落候者有之候ハヽ所町代庄屋を以可申出事

九月廿七日

○江戸在留山田氏より書簡拔書

一御札樣かふと町中大賑合之由目出度御町内もさそ〳〵大よろこひ私事江戸にて委細承り天吉とも地ダンダを踏浦山敷狩居申候日々御寄合毎日之御仕考被相立一入御繁用と御遠察申上候就夫玉六之店のものに揔町かしかられ候一條幷京口屋トコヤラ之婦人ニイマシメラレ候一件駿

河屋之馬之塔東向之屋根突〔抜脱カ〕ケて石落る次第遠州ニ而女か降候事其余いろ〳〵吉凶之譯等私相詰居候處江出入申候醫師ニ相咄候處同人儀尾州ヒイキ之人物ニ而何分めて度事ニ付心易人ニ相咄候よし之所醫師ゟ聞候人申ニハ六七両元手をおろし江戸中早イ所辻賣爲致度と相目論見居申候一寸御風意聽申上候于時御町内ハとふいふ御仕考ニ而比日中御暮し被遊候哉私詰所ニ而ハ互ニ自身之町内々々之儀を自慢いたし候得とも一向返答出來兼申候間御序ニ乍御世話爲御聞被下度候室文公入井公江も乍憚宜被仰上被下度候

九月廿二日認

（以下四行朱書）
〔欄外〕

本町玉屋喜平方召仕忠七ト申者也

トコヤラ之婦人とアルハ口田町花屋口助妻也

屋根突抜ケて石降ハ東瓦町也

○同書簡其貳

于時御札樣一件御町內ハ大造り物殊ニ往來之貴賤不被論御下り之御酒御振舞之由目出度一段之御仕考と奉存候既ニ江戸子之內一両人右御酒事御町內之御勢イ恐入候趣御噂承り大慶仕候入井公ニハ御はたらき定而御骨折相成候儀と奉遠察候何分此上とも御信仰御町內之御繁榮御祈被下度候呉々もあやにく在宿染垂御人別ニ不加段殘念千万私胸中御察被下度御町內御一同へも乍憚宜被仰上被下度候

九月廿七日出

○復古勤王

薩州武備充實富國强兵國論一定

皇國救危之柱石也近來長防ノ爲ニ盡力他ナシ是皆私ヲ棄廢シテ長ヲ助クルモ天下之危急ヲ憂ルカ故也既ニ幕會之両賊

皇上ヲ東國ニ　遷奉德川之基業ヲ堅メントノ奸謀是ヲ當藩疾ク是ヲ知

テ晝夜禁門ヲ守リ終ニ彼逆謀ヲ拒ム其餘之奸賊今ニ至ル迄意ヲ空フメ
朝廷無事ナル事皆此藩之力也嗚呼盛ナル哉長州
皇國ヲ憂ルヿ一身ニ在カ如シ癸亥以來賊ノ爲ニ朝敵之寃罪ヲ得自國ニ
蟄スト雖モ氣奮然トシテ不撓天下獨立シテ夷幕賊ヲ誅セントシテイヨ
々々君臣ノ大義ヲ國家ニ知ラシム　皇國ノ恢復此藩ヲシテ巨魁タラシ
メハ成功近キニアリ

佐土原大村平戸津和野小藩ト雖大義名分判然是ヲ知リ薩長ノ二藩ト共
ニ恢復ヲ謀ル大藩ノ従（本ノマヽ）耻ヲ知ラス一余ハ略

佐幕　勤王

越前頻ニ　勤王ト稱シ人心ヲ求ム然𪜈内心不可量案スルニ幕府ヲ佐ケ
國政ノ大權ヲ抗（握カ）ラントスル意アラン歟

尾州藩論三ツ分レ一曰ク長防和解シテ
皇國一致セント二曰ク是非ヲ論セス幕府ヲ奉スト三曰ク苟安待變ニ如

ジカント

因州備前肥後阿州宇和島川越幕府ヲシテ勤王タラシメ　皇國ノ紛乱ヲ生スルヿナク富國强兵ノ上　皇國ノ威ヲ海内ニ輝サントノ心唯惜ムラクハ賊幕ヲ助クルノ心如何

筑前對州元來勤王ノ心ナキニシモアラス今賊臣意ヲ恣ニシテ侯ヲ欺キ正義ノ臣ヲ蒙シテ國内奸論一定ス如此ニテハ一國廢滅ノ基ナルヘシ主將ノ心如何

待變蠶食

肥前土州此兩藩元來尊　王ノ心アリシカレトモ第一主トスル處富國强兵蠶食シテ國ヲ廣大ニシ其上天下ニ志シトス唯國家ノ瓦解ヲ待忠臣ト云ンヤ賊臣ト云ヘキヤ行テ《ヲカ》見テ可決

津久留米柳川此三藩モ謀ル所肥土ニ近シ然𪜈待變ハ忠臣ノ道如何

佐幕

水戸此藩元來天下ニ先立テ勤王攘夷ヲ鳴ス然トモ主トスル所佐幕勤王ニシテ其復古ニアラス

朝廷ヨリ深御依頼再三雖有

勅命一廉モ不事空名ノ行ト云ヘシ近來ニ至テハ尚大義ヲ失ヒ會賊ト合シ幕威弘張ヲ謀ル何ヲ以勤王タランヤ

紀州元ヨリ勤王ノ道ヲ不知只幕アルヲ知一藩悉ク頑愚ニシテ不足論

會津桑名高松濱田雲州津山彦根姫路小濱莊内高田忍小倉中津松前棚倉

是等之藩一心佐幕ニシテ君臣之大道ヲ不知故

朝廷ヲ蔑如スルヿ甚也

天朝ノ藩屛タルヿヲ不辨徳川ノ臣タランヿヲ思フカ嗚呼愚ナリ

加賀仙臺藝州秋田米澤盛岡弘前右等ノ藩何レモ上至尊タル

依勢進退

天朝ノアラヒ《セラカ》ルヲ不知ニアラサレ𪜈至テ愚ナル故今カク衰弱ヲ極タル

幕府ヲ恐レ意両端ニ存スルノ癖アリ何程サトスト雖國家ノ柱石タルヿ無覺束且外藩ヲ恐レテ更ニ形勢ニ不通然ルニ好名意アルハ實ニ可笑ヿ也イカニ頑愚ノ至ナラスヤイカニ懦弱ノ極ナラスヤ癸丑以來國事ニ死スルモノ一人モナシ就中加賀仙臺ノ両藩ハ天下第一二ノ大國以テ朝恩ヲ蒙ルヿ山海モ不比斯ル國家ノ大事ニ臨テ寸兵尺地ナキ草庵(莽カ)スラ天朝ノ御爲ニハ死ヲ以テ(ス脫カ)國恩ヲ不知ハ禽獸ニ齊トシ何ヲ以テ他藩ニ面ヲ合センヤシコ(ミヨカ)々々一瞬ノ時機ヲ得ハ盲眼ヲ開カスヘシ

○市下樽屋町茗荷屋俳名梅絰九月廿三日出立伊勢路旅行上京暫逼(マヽ)留下坂之上十月九日京發足右海道罷下十三日到著

△往道桑名四日市邊ゟ石藥師龜山宿邊迄天降神祭祝所々繁壯桑名城下ハ花奢盛大故遊戯等停止之旨聞及ふ所之石藥師邊ゟ上の方祭神を不見

○入京巡行するに天降神佛更ニ無之洛中靜謐之○上樣御筒袖被爲　召候義御止メ御平常之御服ニ成且又御酒を被爲飲に御盃之處近來ハ御茶

盌ニ而被　召上旨○下坂市街を廻るニ降神佛無之○市中靜寂之口切等茶會更ニ遠慮富豪之者道具を拂質素節儉を表す右は調達金被仰渡員數ハ不被談速ニ御請可仕旨之處調達員數目當無之其上追々調達仕居今又被仰渡通調達ハ難仕段御斷申上凡金高伺之上御用通御請可申上旨達而申上候處町人共身躰之樣子ニより員數可申付見立次第之事ニ付御請ハ兎も角可仕段强而被仰渡是迄ニ無例被仰渡振ニ付何レも恐惑申合中之如此故諸事遠慮致し居候躰之○市衢三階之家造作被差免之兵庫開港外夷居留も有之故之事之と聞ゆ○坂中之評説ニハ長州之召人等容易ニ出間敷ト云○先達而之御觸之金札未通用無之何程之金札にや難分候○京坂共諸色ハ不相替高直ニ候○立毛豐熟いつ方も十分之成熟之由風聞○歸途之節關宿より上り方ハ降神祭場更ニ不見當ラ關宿ニハ二ヶ所天降神祭有之○伊勢路ニ入所々伊勢太神宮之祓等多祭之之此餘之談擱筆止

○在京氏來書寫

去月下旬薩州人數五六萬も入洛仕大筒千挺程二本松屋敷ニ引込候處當月七日夜大筒何方ニ持行候歟更ニ不相分由鞍馬山邊ゟ白川越上ニ薩州之宿陣御座候然ニ土州人數ハ伏見ゟ大佛邊ニ三四萬宿陣のよし洛中ハ不及申所々近在迄騒敷事之

一今度一條通ニ立派成大橋出來仕候去年御普請相初漸々此節出來仕當月十五日渡り初と申事之

右之大橋ハ百年程前ニ有之候處大水ニ而押流夫成中絶仕候處此度御取立は万一之節　天子比叡山ニ　御披之爲と申噂ニ御座候

十月十一日

○京洛御守衛詰夫締役支計府附庸之何某より比曾寫來候由

江戸表風聞

先月廿五日より

公義御船天地丸外ニ壹艘御出シニ相成御餝出來異人寫眞鏡をいたし候

得共如何成事ニ候哉更ニうつり不申候夫ゟ書師に被

仰付寫ニ相成候よし一説ニ御賣拂と申候得共當月四日御船藏に御入ニ

相成候

但□(虫損)人共壹人前五拾文ツヽニ而小船ニ而拜見致し候

右御船ハ

公義第一之御座船ニ而御座候　太政大臣御昇進ニ相成候へハ

御召ニ相成候

大御所樣　御召ニ相成候後ハ　御召ニハ不相成候由

御船手御預り　向井將監どの

一御本丸跡異人時々見物いたし候よし承ル

英人之上官松平伊勢守と相成候とし致風聞候此義取留メ不申風說とそ

んし候

一彌以當地御爲替三ツ井等に當月二日比金札御渡ニ相成候唯今御窺中と

申事何れ之御窺共不承候大不許ニ御座候
　尤横濱表は先達而ゟ札通用と申事ニ御座候
一護持院が原にて佛國ゟ師範人參り幕を張騎馬ニ而飛越ス稽古いたし居候但三兵隊と申組之由不殘白裝束筒ポ鉄炮之方白黒段幟銘々附居候鉄炮無之分右幟も無之人數五百人計之市中通行之節四段ニ並ヒ參ル
一異人車ニ乘り市中通行いたし又日本之異人も夥敷事ニ御座候
一外國人ハ日本人婚姻取結ひ禁固之筈先般英國コンシユル問合ニ付外國宰相小笠原壹岐守ゟ神奈川奉行ゟ相伺候處條約相濟候國々ゟは高卑之無差別取極候義勝手次第双方熟談之上本國ゟ召連候儀も勝手次第之旨御達ニ相成未日合無之候付婚姻取極候ハ無之候へ共追々是迄外國人妻ニ罷越候者外國ゟ相越候樣可相成事
一抑佛國之廣大成事中華ニ跨り倫能ニ蹸り日本ニ不及今般五ケ國和親之義も第一アメリカを先ニ致し四ケ國是ニ次申候處追々和平いたし候付

其國々之眞情を計ひ見るに佛國之眞義冠たるニ付今將軍取分ケ佛を和義せられ御舎弟民部大輔殿を以フランス之總督といたし王之女妃カロヱンと云竊ニ嫁を求彌和平之儀を表し候ニ付彼國よりも上官ハカカと申者之妃を日本ニ送り只今京都ニ滯留いたし何レ日本上官公家ゟ相嫁し可申樣ニ近日相成可申候軍艦總督メーシタと申す日本にて申候得は大國主ニ相當り申候右之者當四月日本横濱ゟ上陸只今ハ江戸ゟ參り講武所を旅館にし御濱御殿を住居ニいたし何レ小川町爽令館普請出來より四方移り可申事

　江戸中佛國住居官人令政臣何レ止ニ可申歟

第一御濱御殿　第二麴町壹丁目永井前田

第三淺草天王町　第四鉄砲洲明石町

第五安宅御船藏　第六赤坂桐畑

第七上服中洲　第八本町壹貳三

第九西丸下

○市中ハ追々御觸も有之異人ゝ對し雜言致し候ハヽ急度曲事たるべきと町人共印形を取られ町内名主書付出ス

○爽介館前ゟ八ツ見橋迄（本ノ）ヒクロクニ而川渡相始申候

九月十五日

○此書京都ニ而内々一覧卽寫候趣之

口演之覺

一御三家樣ニ而も水藩之當今之模樣一日も早ク御回復ニ相成可申事紀州侯も事々御示談御一躰ニ而御所置可被遊事殊ニ尾州侯は格別人望之御方ニも有之御親信一同在之を（マヽ）候を每々御模樣承候處始終御見込齟齬ニ而御一和無之哉ニ相伺申候何卒　尾老侯ゝ御親敷御相談ニ而始終御一躰ニ相成度事唯今迄之如ク御內輪ニ御疑念被爲在候而は御見込終ニ御成功如何哉と奉存候

一御親藩之諸侯同斷ニ可有御座候處見込可申上候へ共却而御嫌疑被達候儀段々有之候故自然人心之離叛を被爲招候勢ニ御座候　御親藩投枕之藩ニ候ハヽ如何共御親敷被爲成候事ニ御示談被爲在被爲得止申譯柄御打明シニ相成共情氣ニ奉畏成程御尤之御儀と了解仕候樣相成候へハ何事も戮力合心ニ被爲成後來之御基本も相成可申候而後外夷御制馭可被遊處却而彼之急邊を被爲厭御國內之一和を不被爲蒙外夷を先ニして御親ミ被遊候樣成御所置御座候故終ニ　御國內之人心怨望仕候勢相見へ是人心不服之基歟と奉存候素ゟ彼之申立ニ付無御據事共可有之とハ奉存候へ共彼も信有國ニ候得ハ信を以御申諭假令期限ハ在之候共　御國內之一和を先ニせられ內整《マヽ》　通商可被蒙事一旦期限を極候上ハ變更難相成と申候而ハ彼ニ被制候と申爲御座候故　御國內之志士鋭武ニ至迄此先キ驚如何哉と憂慮仕候勢ニ御座候樣奉存候相濟事ニ御座候へ共朝廷ゟ被　仰立之御文義之期限云々之儀有之候元來期限を被爲極候ハ

幕府御内斷ニ而御極被遊候儀天下ニ而極候事ニも無之
朝廷ゟ御伺之上御極ニ相成候事共不奉存候然を今日期限差迫り無御據
迚
朝廷ゟ被　仰立等之儀ニ候へは候反正之御所置被爲在候義ニ御座候ハヽ事々差迫り不申内前以諸藩ニ見込篤と被爲聞候上諸藩不服無之樣御示談相成素ゟ
叡慮をも深く御伺　皇武迄ニ御一和を以御布告ニ相成候儀ニ御座候と誰壹人異論可申上樣も無御座候乍恐
前將軍御在世中三港
勅許御願相成候節兵庫之儀ハ被爲止候段
御詔書之被爲在候哉と巷説ニ而承居申候然ニ時勢之變とハ乍申期限差迫候迄其儘被成置切迫之期ニ至急速
朝議を被爲遂議論一定不致候を　御威德を以押而御決議被爲成候儀全

朝廷御輕蔑之筋ニ相當り候樣乍恐人々專ら申唱居候此邊之儀決而有御座間敷御事トハ奉存候ヘ共申唱候廉々慥ニ承候事ニ而假令無形を有形ニ致シ候人口ニ而も御內氣不奉存候故人心不服之勢相顯シ此邊於備前守も深ク苦慮仕候儀ニ御座候何卒御目筭相立申儀ニ御座候ハヽ事々不差迫內篤と

朝議を被爲遂

叡慮御伺定被遊候上ニ而彼之御約定も相成候事ニ御座候處御自斷を以彼ニ御約定被成置爾後

朝命被爲伺候樣之儀御座候哉ニ巷說承候何事も前以

朝議被爲盡

皇武全御一和之御一體ニ相成候上彼ニ御談判ニ被爲及候樣有御座度奉存候過日私共ニ御內話被　仰聞候各國ミニストル滯京之一件ニ而も只今之模樣

朝廷御聞上ケハ有御座間敷哉ニ被相伺申候處是又其期差迫り□
朝議被爲在候樣之儀可有御座哉と奉存候右等前以
叡慮御伺建被遊其期ニ不迫內ニ御所置可被爲在御儀御至當と奉存候
皇國ニ於而も仁義之道を本として人を訓し候
御國體ニ御座候處異國之情ニ御泥ミ被遊利害得失を御著眼と被遊候哉ニ奉伺候夫君臣父子之大道も廢シ可申哉と苦心仕候素ゟ利害得失をも計不申候而ハ不叶儀ニ御座候へ共名儀名分こそ今日之急務ニ奉存候然ルニ利害得失を御目出度と被遊候樣ニ御座候而は
皇國固有之義氣地ニ墜シ可申歟と誠ニ以歎息之至奉存候器械之利害得失ハ尤可擇事ニ候得共其器械を用候者義を以可用立と此所之御基本屹と天下ニ顯シ候樣有御座度奉存候

一今日之兵馬を御興起之御策專被爲在候御模樣乍恐難有思ハる《イマヽ》ハ奉感佩候然共兵馬ニ而も人心を不被爲得候而は兵馬之用を失し假令何程器械

之御整銃隊者多ク御組立相成候而も人心服從不仕候而は其詮無之事ニ候御仁政之御德澤難有奉存候然ニ仁恕之道を以人を被養御誠衷之御實功相顯候ハヽ人心悅服仕兵事自ら勇强に可相成ハ申上迄も無之外國人ニ對シ候事ニ候へハ只々
皇國一躰之强兵と相成不申候而は不相成儀と奉存候兎角□之人心を不被爲失候樣御著眼之御實功相顯御名義御名分正敷相成候ハヽ誰歟天下ニ敵する者可有御座哉乍恐
皇國御□可被思召事ニ候然ニ人を御疑被遊候御模樣御座候故人よりも又御疑申上所謂相互ひニ嫌疑を抱き
皇國之一和を失ひ御手足之御難出來御孤獨之□ニ至り終ニハ内は人望を被爲失外は諸蠻之侮を被爲受候樣相成可申哉と深苦慮仕候素ゟ御著眼之御歩ひニ相成候得は可然儀ニ御座候へ共方今天下之情態外寇仕候而は如何哉と相考申候ニ付不顧恐奉申上候

一兎角御英才ニ而人を可制候よりハ御德澤を以人心服從之御策御急務歟と奉存候兵馬を以御國内を被訓《制カ》候樣ニ而ハ終ニ又兵馬を以力を爭ふ大藩も出來可申故御名分正敷御德化を以　御國内を被爲治兵威を以外夷を被制候樣御實効天下ニ顯シ上
朝廷下庶民ニ至迄吐口不申上感伸仕候樣之御所置有御座度奉存候
右は先日拜謁之節御尋之廉々恐存荒增相認奉備
電覽候書中忌諱不敬ニ相涉り候義も可有之候得共巷説傳聞之儘ニ相認メ候義ニ御座候間海量可被成下候尚巨細之儀ハ拜謁之上可奉申上候敬白

松平備前守内
九月　日置帯刀
牧野權六郎

○去ル廿七日於江戸表万石以下御旗本五百石以上之輩五ヶ年之間半知ニ

被成旨被　仰出候由○就右諸御番所人數減五人位宛番衛ニ成雨戸を一本置ニ建大格子之如ク致し明キ間ニハ障子を横にして立懸ケ置其内ニ勤番畢竟晝夜之無差別忍ひ番之体之と○諸事節儉之御調彌御變革被行候趣之由○是迄貳千石以上之向歩兵貳人ツヽ差出置候分同日ゟ不殘御暇出數千人之者及惑乱候由

○先便御尋御座候若年寄格川勝備後守佛國ニ縁組之儀虚實探索仕候處川勝と河津との相違ニ御座候依而實事左ニ申上候

神田橋外陸軍所ニ
傳習ニ罷越居候
佛蘭西カピタン
シヤーアン

撒兵頭取
河津　三郎太郎妹

右は卯七月廿六日緣組願濟之由

右は其筋之者ゟ承り候ニ付慥成事ニ候由右河津氏妹は一旦他江嫁し離縁ニ相成候由餘り眞實之女と申ニも無之由年齢廿壹貳歳之よしシヤーアン義も廿五六歳ニも候よし風聞仕候

一昨年來ゟ外郭公門《ミツケ》歩兵三西洋砲を携へ立居大番所ニも筒袖細袴等ニ而相詰前ニも銕砲組合セ有之候處去ル九月廿七日ゟ歩兵不殘被相止メ暇ニ相成候由公門江は撤兵三人計も罷出大番所ニ幕張いたし内ニ相詰候由門ニは何者も不居候よし狐狸抔出そふなと申候右ニ付幕士減高ニ相成候由專ら風聞

一土州之藩長崎ニ而英國ミニストルを斬殺し既ニ兵端を可開と追々長崎表江蒸氣船ニ而出勢之處先見合ニ相成候どふか土州ニ而貳万ドロ出し内濟ニ而平穩なるよし

一駒場野邊夷人調練場ニ御貸渡しニ相成候とて布田村高井土村邊迄五六

里之間田園民屋取拂ニ相成神社佛閣等ゟ集竹鎗銕炮等用意し吏人見分ニ來候ハヽ討取へしと騒動仕候處先々御沙汰止相成候

一佛國異人過日神田橋外陸軍所ゟ引移候由追々盛大ニ相成御堀も深く廣く夷船の乗入候樣ニ相成右堀候も夷國之臭ニ而早々出來之由しかし莫太之御物入のよし右ニ付屋敷町家等取拂ひニ相成候由ニ而難澁之者不少

一築地藝州之屋敷夷人舘ニ相成候由ニ而此節普請中之由御府内御郭内等所々ゟ追々夷人住居仕候此節は夷人妻子を召連來りて横濱抔ニは多住し候由比日も神田橋陸軍所前ニ日本之婦人夷人之子貳歳計之兒を抱立居候よし人之咄ニ御座候

一幕府近比苛政ニ而奉口を減少し或ハ錢ニ而渡しヤクフチ或ハ減高等ニ而人心離々陰口嘵々不穩候此末如何成行候哉聞度毎ニ胸のミ塞り申候實ニ長大息ニ御座候

卯 喜久月廿九日しるす

一此度万石以上《下カ》貳百石以上拾ヶ年間元高之内ニ而半高
公邊江御借入ニ相成候右年限中拜借金は不殘無利元居ニ相成候よし
但し是迄拾ヶ年納り高平均之書付先般御取上ヶニ相成而後今般上り
高之善惡ニ拘わらす金納にて半高御借入ニ相成候由
右ニ付外曲輪見附守衛之歩兵被差止撤兵之内老兵三人ツヽ罷出候大番
所は幕張ニ而戸障子〆切之所も有之東海道抔之吉田岡崎邊城下之見附
を通行致し候樣ニ御座候誠ニ閑靜ニ而御門之眞中ニ而往來之人立止り
咄し抔いたし前代未聞之事ニ御座候往々狐狸之栖かと相成へく或は盜
賊抔之《マヽ》
歩兵一隊五百人摠隊十五隊ニ而七千五百人今般暇ニ相成其中ニ而御
撰人五百人計も御召抱殘り人數は御暇ニ相成右之者共所々江屯集し
町家へ押入酒食等乞候由

一御旗本も日々所々ニ集會し評議等致し不穩候
一此度三階之普請御免ニ相成候由右は夷人三階之普請致候付如此御觸出
申候由御關所も夷人ゟ相緩ミ候由
一此節は盜賊逐剝等其外人を害し兎角人氣荒ク少之事ニも刀劒騷きニ而
甚不穩夜分ハ武〔士脫カ〕・屋敷町抔は人通りも無之淋敷候

十月初旬

○當月朔日二日比霜降寒冷之處昨今ハ暖氣十月六日七日之風說
別紙申上候歩兵七千人程之內市中所々ニ屯集し近邊ニ而は內藤新宿天龍寺ニ三百人程集り日々妓家茶肆等ゟ壹人ニ付米三升ツヽ禁〔焚カ〕出させ不明夜は逐剝等いたし候風聞高く町家ハ暮六ツ時ゟ戸を閉武士町は人通り無之誠ニ淋敷昨六日歩兵大勢板橋宿ニ相越寺抔ニ屯集し妓家等ゟ飯をむすび出し候由一昨五日は川口宿千住宿邊大勢相越候由何方ニ而も大勢故飯をむすび出し候由町方同心或ハ八劦役人等手元召連夫々罷出

候得共乱妨も不仕召捕候義も不相成唯々相詰候計ニ而町方入用而已懸り候よし

一長崎表騷ヶ敷よし何事ニ候哉慥ニ不承候間後便可申上候以上

十月七日午後しるす雨天

○

一田安殿甲府御住居之儀先般御内意御座候處御斷ニ相成候由實は田安御屋形夷人ゟ御貸渡ニ可相成御調之處右御斷ニ付甲州御領知御引揚ニも可相成之處百姓共願出是も御沙汰止ミ相成候由風聞仕候

一御地神佛閣之御礼降候義金佛銅佛木像等降候も不審成事ニ御座候御影抔表具致し候も降申候由皆々驚キ申候此表ニ而錦繪ニ出申候

○又或書狀之端書ニ

此節浪人五千人出來大混雜ニ御座候

一三千名以上步卒御暇此分七八千人有之候

十月七日

○九月廿七日美濃守殿御渡万石以下之面々江被　仰出候書付

大目付
御目付江

万石以下知行取之面々軍役之儀慶安御定も有之候得共□諸物價騰貴一同可爲難義と思召先般減省之上被　仰出海陸之兵隊專御世話有之候へ共今一層御擴張無之候而は難相成時勢無余義今度慶安度御定之人數可差出旨可被　仰出處御軍制一變之折柄自己銘々之兵ニ而は規律一様相成兼候ニ付銘々知行高惣物成之半減爲軍役十ヶ年之間金納被仰付候上納割合等之儀は御勘定奉行可承合候依之軍役金上納年限中馬喰町を初諸役所御貸附金都而無利足据置被成下寄合小普請之面々は年限中役金上納をも　御免被成下候旨被　仰出候

但貳百石未滿之者は此度被　仰出候軍役金不及上納候是迄之通可相

心得候

大目付
御目付
ゝ

一此度軍役金納被　仰付候は兵制之規律一定相成候樣ニとの御趣意ニ付分限ニ應し上納可被　仰付處左候而は格別可爲難儀と知行所物成十ケ年平均之半減上納被　仰付候事ニ候
右之通物成を以上納被　仰付候は表高同高ニ而も知行所善惡等ニ寄物成之厚薄も有之事ニ候間右等平等相當り候御趣意ニ有之且馬喰町を始諸役所御貸附金も軍役金上納年限中無利足据置ニ被成下寄合小普請役金等御免も被成下程之儀ニ付若軍役金上納差滯候歟或は右上納ニ付知行所ゝ用金等申付小前末々之者難儀爲致候輩於有之は急度御沙汰之品も可有之候尤知行所物成格外相劣難澁致候者ハ兼而相觸候

通願次第御藏米ニ御引替可被成下候間心得違無之様可致候右之趣万石以下知行取之面々ゝ可被達候

九月

大目付ゝ

御目付

今度軍役金上納之儀被　仰出候ニ付是迄銘々抱置候銃手之儀は夫々人撰之上歩兵組ゝ御抱入相成候條其旨可相心得候尤抱入手續等委細之儀は陸軍奉行並歩兵奉行歩兵頭ゝ頭ゝ可承合候

九月

右之趣軍役銃手差出候面々ゝ可被達候

大目付ゝ

御目付

今度知行取之面々軍役金上納被　仰出候ニ付御切米取之面々は三千俵以上以下共是迄差出候銃卒之分都而金納ニ被　仰付候故唯今迄正人ニ而差出來候分は兼而相達候通壹人ニ付金五拾両之割合を以可相納金納之分は是迄之通相心得委細之儀は御勘定奉行可承合候
右之通御切米取之面々ゝ可被達候

九月

布衣以上御役人ゝ被　仰出候書付

大目付
御目付ゝ

布衣以上御役相勤候面々向後御足高御役知御役料御役扶持等不被下是迄之場所高ニ不拘今度御改正別紙之通御役金被下候旨被　仰出候

御役金被下高之覺

隱居幷部屋住ゟ被　仰出候

金壹萬兩　　老中

同斷

同五千兩　　老中格

同斷

同四千石（マヽ）　　若年寄

但御役宅江引移月番相勤候者江は金六千兩

若年寄
山陵奉行
戸田大和守

金八百兩

万石以下

同四千兩ツヽ　　若年寄格
同　並

同千五百兩　　高家

但三千両以上之者には半減　御切米高貳千俵以上之者には不被下同
　千俵以上之者には半減
一肝煎には別段金五百両
金貳千五百両
但高五千石以上半減御切米三千俵以上不被下同千五（百脱カ）俵以上半減

御側
駿河（府カ）御城代
甲府御城代

金貳千両ッヽ
但高ニ不抱被下在府ハ不被下

山田奉行
御留守居
海軍奉行並
陸軍奉行並

同千五百両
但高ニ不抱被下

同貳千五百兩ツヽ
但高五千石以上之輩ニは半減御切米高三千俵以上之者ニは不被下同
千五百俵以上ニは半減
同貳千五百兩
同七百兩
金八百兩ツヽ
但高ニ不抱被下

外國惣奉行並
大目付
町奉行
○勘定奉行
京都見廻役
林大學頭
一橋殿家老
龜之助殿家老
軍艦奉行
奥詰銃隊頭

騎兵奉行
步兵奉行
同貳千兩ツヽ
但高四千石以上半減　御切米高貳千五百俵以上不被下同千俵以上半減

○御勘定奉行　前ニミユイカヽ
御作事奉行
同貳千兩ツヽ
但同斷

禁裏附
同貳千兩
但高ニ不拘被下

甲府小普請支配
同千五百兩
但同斷

外國奉行
同貳千兩
但高四千石以上半減御切米高貳千俵以上不被下同千俵以上半減

同三千両高ニ不抱被下　神奈川奉行

但在府之者ニは金千五百両高三千石以上ニ而在府之者ニは金七百五拾両御切米高貳千俵以上之者ニは不被下同七百俵以上同斷之者ニは金七百五拾両

金四千両高ニ不抱被下　長崎奉行

但神奈川奉行同斷

同千五百両高ニ不抱被下　浦賀奉行

同四千両高ニ不抱被下　箱館奉行

但神奈川奉行同斷

同三千両　兵庫奉行

但高ニ不抱被下

同貳千五百両　京都町奉行

大坂町奉行

但同斷
同貳千両
但同斷
同千五百両

但同斷
同三千両
但同斷
同貳千両
但同斷

京都見廻役並
日光奉行
奈良奉行
駿府町奉行
甲府町奉行
佐渡奉行
新潟奉行
軍艦奉行並

金千五百両ッヽ

但三千石以上半減

御切米高貳千俵以上不被下同七百俵以上半減

同七百両ッヽ

騎兵奉行並

歩兵奉行並

製銕所奉行

遊擊隊頭

軍艦頭

銃隊頭

砲兵頭

騎兵頭

歩兵頭

撒兵頭

西丸御留守居 學問所御用

林式部少輔

坂井右近將監

西丸御留守居格 陸軍所修行人教授役頭取

下曾根甲斐守

西丸御留守居格 陸軍所修行人教授役頭取

山口近江守

同三百五拾両ツヽ

新番頭格
同　松平石見守

同八百両　清水小普請支配

但高千六百石以上半減御切米高千俵以上不被下同五百俵以上半減

同貳千両高ニ不拘被下　火消役

同千両

但貳千石以上半減御切米高千俵以上不被下同五百俵以上半減

同千両　御目付

但高貳千百以上半減御切米高千俵以上不被下同五百俵以上半減

同六百両　御小性

但高千貳百石以上半減御切米高千俵以上不被下同三百俵以上半減

同三百両　吹上奉行

但高六百両以上半減御切米高五百俵以上不被下同貳百俵以上半減

靜寛院樣
天璋院樣御用人
御簾中樣
同六百両
但高千貳百石以上半減御切米高七百俵以上不被下同三百俵以上半減

法印法眼之
奥醫師
同四百両
奥醫師並雜料奥醫師之法眼には金三百両
但高八百石以上半減御切米高四百俵以上不被下同貳百俵以上半減
一御匙には別段金百両

御作事奉行並
同八百両
但高千六百石以上半減御切米高千俵以上不被下同五百俵以上半減

外國奉行並
金千両
但高千六百石以上半減御切米高千俵以上不被下同五百俵以上半減

神奈川奉行並

同千五百兩

高ニ不拘被下

但在府之者ヘは金千兩高貳千石以上ニ而在府之者ヘは金五百兩御切

米高千俵以上は同斷之者ヘは不被下同五百俵以上之者ヘは金五百

兩

長崎奉行並

箱館奉行並

同貳千兩ツヽ

高ニ不拘被下

但神奈川奉行並同斷

製鐵所奉行並

銃隊頭並

遊擊隊頭並

砲兵頭並

騎兵頭並

同八百兩ツヽ

歩兵頭並

但高千石以上半減御切米高千俵以上不被下同五百俵已上半減

歩兵頭並
陸軍所修人教授頭取
飯田庄藏

同
榊原鐘次郎

同五百両ッヽ

撒兵頭並

同八百両

但製鐵所奉行並同斷

御使番

同五百両

但高千石以上之者ニは半減御目付介之者ニは金六百両同斷千石以上
之者ニは金三百両御切米高千俵以上之者ニは不被下同七百俵以上
之者ニは半減

駿府勤番頭取

同三百両

但六百石以上半減御切米高五百俵以上不被下同貳百俵已上半減

同六百両ツヽ

同五百両ツヽ
高千石以上之者

小十人頭格
別手組出役頭取取締
澤井槇之助
鈴木猪三郎
塚原寛十郎
小泉兵庫

元御留守居格
別手組出役頭取取締
神保常八郎
寺西直次郎
山田勝三郎

元御留守居格
儒者
奥村季五郎
永井三藏

同格
和學所頭取
伊丹猪之丞

同格
沿革調頭取

には半減

一松平庄九郎

同格
遊撃隊調役頭取
一伴野七之助

二ノ丸御留守居格
遊撃隊頭取
伊庭軍兵衛

三橋虎藏

榊原鍵吉

高橋伊勢守

加藤平九郎

勝與八郎

金四百両ッ、
但御切米貳百俵以上は半減

開成所頭取

同五百両
但高千石以上半減御切米高六百俵以上不被下同三百俵以上半減

開成所頭取格
遊撃隊頭取
湊信八郎

同四百両
但高八百石以上半減御切米高五百俵以上不被下同貳百俵以上半減

同五百兩　御銕砲玉藥奉行
但高千石以上半減御切米高六百俵以上不被下同三百俵以上半減
御納戸頭
同六百兩　御勘定頭取
奥御右筆組頭
但高千石以上半減御切米高七百俵以上不被下同三百俵以上半減
姫君樣方御用人
同五百兩　本壽院樣
但同斷　實成院樣　御用人
姫君樣方御用人格
奥御右筆所詰
同三百兩　妻木主一
美濃
同三百兩　西國郡代

但高ニ不拘　　　　　　　　　　　　　　　飛驒

右之通御役金月割を以被下候渡方之儀は三月六月九月十二月右四度ニ
相渡ニ而可有之候請取方等之儀は御勘定奉行可被談候事

一是迄隠居部屋住厄介ニ而御切米御手當米被下候面々は何も御切米御手
當米上り書面之御役金被下候事

〇扣美濃守

一橋殿　家老衆

布衣以上御役相勤候面々ニ向後御足高御役料等可被下是迄之場所高ニ
不拘今度御改正御役金被下候旨被　仰出候ニ付

一橋殿　番頭

金四百両

但高八百石以上之者ニは半減御切米五百俵以上之者ニハ不被下同三
百俵以上之者ニは半減

一橋殿　用人

金三百両

但高六百石以上半減御切米四百俵以上不被下同貳百俵以上半減
右之通御役金月割を以被下渡方之儀は三月六月九月十二月右四度ニ相
渡ニ而可有之候其段申渡請取方等之儀ハ御勘定奉行可被談候尤右之趣
一橋殿にも可被申上候　　　　　　　　　龜之助殿家老衆に
同文言　龜之助殿にも可被申上候
右九月廿六日御持歸
○扣　美濃守
相達候書次
御側衆之次
駿府御城代　　甲府御城代
山田奉行　　御留守居
海軍奉行並　　陸軍奉行並

外國摠奉行並　大目付
町奉行　御勘定奉行
京都見廻役
席順以來右之通可心得旨被
仰出之
外國摠奉行並　大目付
町奉行　御勘定奉行
向後御役高五千石場所之格と可被心得候
海軍奉行並　陸軍奉行並
外國奉行並　大目付
町奉行　御勘定奉行
右五千石場所之格ニ候得共下屋敷之儀は御側御留守居之外は被下間敷候間可被得其意候

御目付

席順以來火消役之次ニ被
仰出之

稻葉兵部大輔

向後御役料は不被下御役金五千兩被下候旨被
仰出候尤當卯年は三分可被下來辰年ゟ三月六月九月十二月四度ニ被下
候事

淺野美作作

向後御足高は不被下御役金四千兩被下候旨被
仰出候尤當卯年は半年分被下來辰年ゟ三月六月九月十二月四度ニ被下
候事

川勝備後守

同文言

右九月廿六日持歸

○

大目付
御目付　ゟ

今度布衣以上御役人御役高等御廢止御役金被下候旨被　仰出候得共御役格合之儀は何も是迄之御役高之格ニ可被心得候

右之趣布衣以上御役人ゟ可被達候

九月

大目付
御目付　ゟ

此度布衣以上御役人御役高等御改正知行所之面々軍役上納等之儀被仰出は畢竟方今之形勢海陸軍御更張之御趣意ニ而知行取之面々多くハ

御國初以來連綿恩戴いたし來候儀之處右之通被　仰出候は　御不本意
思召候得共時勢不被爲止被　仰出候事ニ付何れも心得違無之樣可被致
候就而は平常は勿論旅行之節等從者其外是迄之仕來ニ不拘諸事格別ニ
省略いたし不苦候間銘々見込次第充分改革外見虛飾有名無實之勞費相
省候樣可被致候
右之趣万石以下之面々ゟ可被達候
九月

大目付ゟ
御目付
今度知行取之面々軍役上納被　仰付候ニ付而は布衣以下知行取勤仕之
者ゟ夫々御手當金可被下候間役金名前知行高幷御足高有無共早々可被
書出候

右之趣向々ヽ不洩様可被達候
九月
○布衣以下之面々ヽ被　仰出候書付
大目付ヽ
御目付
布衣以上御役相勤候面々ヽ向後御足高御役料御役扶持等不被下御役金
被下候旨被　仰出候ニ付而は布衣以下小役人等之儀も同様可被
仰出候處御趣意も有之候付先是迄之通御足高其外共被下候追而被
仰出候品も可有之候間兼而其段可相心得候右之趣向々ヽ可被達候
九月
大目付ヽ
御目付

隱居料之儀向後布衣以上御役二十ヶ年以上相勤年齢五拾歳以上之者ゟは悴勤不勤ニ不拘年々金百両宛被下候尤是迄隱居料不被下者も隱居被仰付候節之年齢勤年數右之通之者ゟハ已後可被下候只今迄取來候分ニ而も隱居被　仰付候節之年齢勤年數右ゟ不足之者ゟは以來不被下候條得其意元布衣已上御役相勤候隱居之面々勤中之年齢書付隱居被　仰付候年月等委細相認早々御目付ゟ可被差出候

但勤仕並寄合は勤之年數ニ不加候事

右之通万石以下之面々ゟ可被達候

九月

〇十月廿日

御目見以上之輩ゟ相達儀有之候間明廿一日五半時一役一人

御城ゟ可罷出旨外記殿被仰渡候可被得其意候御支配等之内　御目見以上之輩ゟも御申渡尤罷出候境早速役所ゟ可申達候是又御申渡之事

但若病氣等ニ而一役之內難罷出候ハヽ其段早速申達可有之候且又御
支配等之輩若病氣等ニ而一役之內難罷出候ハヽ其段早速可申達旨御
申渡之事

十月廿日

○十月廿一日

以切紙申入候今日　御目見以上一役壹人ニ被
仰出候御」書付之趣罷出候輩ニ相達候右役之內　御目見以下之支配有之
輩ハ右支配之方ニも可申通旨外記殿被仰渡候間御支配之內當日不罷出
候輩幷　御目見以下之輩ニも御申通辭可有之候仍右六通差越之候已上

十月廿一日　　三宅　彌左衛門

櫻井內記殿

△公邊ゟ御達之御書付

一寫

我
皇國時運之沿革を觀るに昔
王綱紐を解て相家權を執り保平之乱政權武門ニ移てより我祖宗ニ至り更に
寵眷を蒙り貳百餘年子孫相受我其職を奉すと雖も政刑當を失ふ不少今日之形勢ニ至候も畢竟薄徳之所致不堪慚懼候況や當今外國之交際日に盛なるにより愈
朝權一途に不出候而は綱紀難立候間從來之舊習を改め政權を
朝廷に歸し廣く天下之公議を盡し聖斷を仰き同心協力共に
皇國を保護せは必す海外萬國と可並立我　國家に所盡不過之候乍去猶見込之儀も有之候ハヽ聊忌諱を不憚可申聞候
十月
公邊ゟ御達之御書付内壹通ハ

朝廷より被　仰出候御書付と御同様

二　寫

去ル十三日相渡候御書付之趣

御奏聞相成候處昨十五日別紙之通

御所より被　仰出候間此段相達候

十月

御書付

別紙五通相示候時勢大一變之儀家中之輩一同急度相心得可申候若是迄之心得ニ而罷在不都〔合脱カ〕之儀出來候而ハ以之外之事ニ候間右等之趣篤と熟讀時勢能々相辨以後是迄之仕來りニ不泥謙遜謹愼旨といたし諸事神妙ニ可相守事

十月廿一日

大事件外夷一條ハ盡衆議其外諸大名伺被　仰出等ハ

朝廷於両役取扱自餘之儀ハ召之諸侯上京之上　御決定可有之夫迄之處
支配市中取締等ハ先是迄之通ニ而追而可及
御沙汰候事
　朝廷より被　仰出候御書付
四　寫
祖宗以來御委任厚御依賴被爲在候得共方今宇內之形勢ヲ考察し建白之
旨趣尤ニ被
思召候間被
聞食候尙天下と共ニ同心盡力を致し
皇國を維持可奉安
宸襟
御沙汰候事
　大納言樣より

朝廷江之御建白

五　寫

謹而奉言上候臣慶喜頃日政權之儀ニ付

奏聞之趣被爲

聞食候間謹而伏承仕候右ハ獨慶喜之罪のミならす不肖臣慶勝久敷親藩

之立場柄ニ乍在輔翼之事不行屆終ニ今日之形勢ニ立至候段誠ニ以惶懼

戰慄之至ニ不堪臣慶勝之罪不少奉存候是迄格別之

御寵遇を奉蒙過分之官爵を汚居申候處何卒御降奪之

御沙汰を蒙り責而ハ万分之一をも償ひ申度只管奉伏罪候臣慶勝誠惶誠

恐頓首敬白

十月　　　　　　　　　　　　　　御　諱

〇十月廿四日木津川原ニおゐて荻野流炮火術試ミ次第

晝之部

白雲
同
雷鳴變烟連龍
双玉
黑雲雨立黃炳双下
連玉黃炳柳
二段陰陽獨旗
黃煙柳
天宣
白煙柳
數鞠
白雲黃煙連龍

中村鋏次郎
瀨野宅繁
水野三郎
齋木文之丞
諏訪部又六郎
青木進
森忠吾
橫江勘太郎
諏訪部又六郎
近藤太米次
鈴木彦右衛門
森勘一
小川乙之助
吉田次郎九

白煙柳獨聲
金輝
　五十目當
三〆メ
炮録王
同
　夜之部
獨雷
錦繡火
玉頭群龍獨聲
柳火三振
雷發星

近藤庄八
森摠八郎
片野半之助
同心方
同
水野秋宅ヽ
水野秋宅ヽ
小林藤松
諏訪部文六郎
近藤太米治
吉田治郎九
諏訪部又六郎

大原柳

獨龍

二段柳火照天星

大連龍

柳火

双玉

仙嘗露

雷鳴獨龍

柳火變光

玉追龍

白頭柳

紫柳條

小野木 堀部安三郎

今井岩宅

小林藤松

堀部安太郎

森勘一

小川乙之助

永瀬只七

鈴木彦右衛門

石田伴次

鈴木良平

服部善治

重松良二郎

河神兵庫

胡珀止星

柳火三顯星

雷鳴連龍

赤曜星

雨傘

夜光旗

口紅白

赤垂火　白頭連龍

雷鳴星

大原兼治

森　忠吾

奥村甚十郎

宮田口治

境澤嘉兵衛

近藤太米治

福本市之丞

鈴木彦右衛門

菊川久治

河野勝太郎

山本鎌次郎

長瀬只七

石原助九郎

川島達次郎

群龍變光

柳火獨曜

二段 柳火 日光星

金烏玉兎

晴夜獨龍

柳露

鼎足

雷後口

連玉二段 柳火 日光星

同

紅燃火

小林藤松

今井岩尾

小林藤松

鈴木彦右衛門

諏訪部又六郎

青木進

森忠吾

神谷余米八

富川久治

水野三郎

水野秋尾

小林藤松

神谷余所八

明敵
柳條
玉頭群龍
柳火七曜
群大龍
靈曜星
柳火連龍
孔雀尾
晴夜連龍
黃鱗
紅珠星

森　摠八郎
堀部安太郎
岩田伴治
鈴木良平
片野半之助
森　勘一
服部善八郎
奥村甚十郎
宮田忠治
石原幸次郎
小川乙之助
石塚銕次郎
小野木

細絲縷
鈴籠星
五段早放
四町目當
三〆目
マ、
炮線王
同
同
□
往來火

長谷川勘次
水野三郎
マ、
水野秋尾
小林藤松
諏訪部又六郎
同心方
同
同
長谷川平馬
若井斧彌
龜太尾早太郎
瀨野尾司部之

柳火

白頭柳

細柳雨

秋光火

連玉 柳火 玉頭柳

一長谷川勘次

奥村甚十郎

宮田忠治

福本市之丞

鈴木彦右衛門

富川久治

河野勝太郎

靑木進

竹尾東四郎

同 宮之丞

水野秋尾マヽ

同 三郎

境澤嘉兵衛

今井岩尾

東天　　水野

山本鎌次郎
有元太郎
河野外治
小野熊五郎
宮田忠治
森村雄太郎
近藤太郎治
山田春鈴

拾玉五段發

小玉乱玉

○戊辰年大小細字亥ノ日三日

大丈夫何事九日廿一日二君十五日廿七日三綱可守十一日廿三日五常勤

大和魂七日十九日　八日廿日　二日十四日廿六日

八蠻縱有十全計　爭敵神州十一分
方外士定心

小正二日十四日廿六日　四九日廿一日　閏四日十六日廿八日　六五日十七日廿九日　七十二日廿四日　九朔日十三日廿四日　十二八日廿日

○今般
大納言樣御上京之節堂中願御供輩

丹羽龍三郎　竹田鋤太郎
犬飼司馬太郎　鵜飼義雄
本杉清五郎　石原彌三吉
水野敬次郎　永田良一郎
酒井永藏　中山虎五郎
佐藤由吉　片桐助作
津金甲太　小寺殼《ヤゴロ》

水野篤之助　朝田純一郎

宮崎靡　大久保永三郎

龍三郎初堂中御改正之折柄存入之趣奇特之儀ニ被

思召今般限拙者共口願御供被

仰付候

十月

維新期風説風俗史料選

【新装版】丁卯雑拾録 一

発行　一九七二年　三　月一〇日　復刻版一刷
　　　一九九九年　七　月三〇日　新装版一刷

［検印廃止］

編者　日本史籍協会

発行所　財団法人　東京大学出版会

代表者　河野通方

一一三―八六五四　東京都文京区本郷七―三―一　東大構内
電話＝〇三―三八一一―八八一四
振替〇〇一六〇―六―五九九六四

印刷所　株式会社　平文社

製本所　誠製本株式会社

日本史籍協会叢書 140
丁卯雑拾録 一（オンデマンド版）

2015年1月15日 発行

編　者　日本史籍協会
発行所　一般財団法人　東京大学出版会
代表者　渡辺　浩
〒153-0041　東京都目黒区駒場4-5-29
TEL 03-6407-1069　FAX 03-6407-1991
URL http://www.utp.or.jp

印刷・製本　株式会社 デジタルパブリッシングサービス
TEL 03-5225-6061
URL http://www.d-pub.co.jp/

AJ039

ISBN978-4-13-009440-5　Printed in Japan